서른 살에
 처음 시작하는
직장인 밴드

서른 살에
처음 시작하는
직장인밴드

전미영 지음

북하우스

어지러이 널려 있는 각종 전선, 앰프, 기계장치 들.
기계였던 것이 살아 있는 음악이 되는 신기한 공간.
기계와 사람이 만나서 가장 아름다운 소리를 낸다는 것이 참.

내 나이 서른……

"자, 달려봅시다."

> 직장인밴드,
> 대체 그게 뭔데?

말 그대로 직장인들이 모여 결성한 밴드. 프로를 지향하는 직업밴드와 달리 취미로 한다는 점에서 취미밴드, 아마추어밴드라고도 할 수 있습니다. 물론 직장인밴드로 시작해 프로밴드가 된 예도 있어요. 2009년 현재 대한민국 직장인밴드는 모두 몇 개일까요? 놀라지 마세요. 무려 2천 개가 넘는다는군요. 대한민국 직장인들은 모두 밴드만 하고 사나 싶을 만큼 많은 이들이 직장인밴드를 하고 있습니다. 누군가에게는 즐거운 취미이고 누군가에게는 못 이룬 꿈의 실현인 직장인밴드.

contents

1부 나의 좌충우돌 직장인밴드 활동기

태초에 고속도로가 있었다_14
달리는 고속도로에서 손가락에 쥐가 나다_18
머리 쥐어뜯으며 깨달았도다!_22
야근으로 피고 지네, 가엾어라 내 청춘_26
광화문 술집에서 노래로 술을 벌다_30
나를 키운 8할, 노래방_43
노래방, 배신해서 미안해_48
니들이 합주 맛을 알아?_52
어머나 세상에 공연이라니_63
가슴 뛰는 무대, 그 잊지 못할 첫 경험_66
밴드를 하니 음악이 달라지네_70
아저씨들에게 직장인밴드를 권하오_73

2부 당신을 위한 꿈의 무대 직장인밴드

직장인밴드, 어떻게 시작할까?_90
 이미 결성돼 있는 직장인밴드에 들어간다
 친구나 동료들과 직장인밴드를 만든다
 밴드 구인사이트에서 직장인밴드 멤버를 찾는다

직장인밴드로 가는 과정_97
내게 맞는 악기 찾기_106
  밴드의 심장, 드럼
  만능 엔터테이너, 베이스
  밴드의 로망, 기타
  밴드의 얼굴마담, 보컬
  밴드의 마술사, 신시사이저

위대한 연주자들_118
  위대한 기타리스트들
  위대한 드러머들
  위대한 베이시스트들
  위대한 신시사이저 연주자들
  위대한 보컬들

좋은 악기 싸게 살 수 없을까_125
  악기를 고를 때 유의할 점
  그래도 꼭 중고를 사야 할 경우

악기, 어떻게 배우고 익힐까?_138
  뭐니 뭐니 해도 전문가의 손길
  자력갱생만이 살길이다
  친목과 배움까지 일석이조

서른 넘은 직장인들, 악기와 사랑에 빠지다_146
  기타 연주자, 직장인밴드 마니아 김면중
  베이스 연주자, 김보람
  초보 드럼 연주자, 정경섭
  초보 신시사이저 연주자, 최진형

추천연습곡 _164

    한국곡

    외국곡

    추천 기타 연습곡

    추천 베이스 연습곡

    추천 드럼 연습곡

    악기 연습의 5계명

악기 실력을 높이는 지름길, 직장인밴드 _182

성공적인 직장인밴드를 위해 꼭 필요한 두세 가지 것들 _184

    즐겁지 않으면 밴드도 없다

    낯선 내가 낯선 너를 보듬고 가는 것

    직장인밴드로 엄연한 조직이자 사회이다

    일주일에 한 시간, 직장인밴드 무르익는 소리

    연습은 어디서?

    음악이라는 공감대를 알뜰히 활용하라

모든 길은 공연으로 통한다 _194

    공연 준비의 단계들

    공연 입장료, 받아야 하나 말아야 하나?

    공연 '후폭풍' 무사히 넘기기

부록

직장인밴드 경연대회 _212
지역별 직장인밴드 사이트 _214

인터뷰

시작에서 영원으로 _38
– 한국 직장인밴드의 역사 갑근세밴드

록스타, 바다에 뜨다 _58
– 김해 직장인밴드 GOLD SEA

잠들지 않는 연주 본능 _80
– 대전 직장인밴드 M-ROAD

흥과 끼로 똘똘 뭉쳤다 _102
– 전주 직장인밴드 월남뽕

음악, 생각만 해도 좋은 행복 _132
– 춘천 직장인밴드 스머프

나갔다 하면 싹쓸이, 콘테스트 전문 _176
– 대구 직장인밴드 칼퇴근

스승과 무대 사이, 그 아찔함 _204
– 교사밴드 패러다임

Epilogue

서른 살, 그 아름다운 흔들림의 순간들 _221

태초에 고속도로가 있었다

모든 것은 고속도로에서 시작되었습니다. 음악 좀 듣는다는 당신이라면, 록그룹 딥 퍼플의 대표곡 〈Highway Star〉를 아시 겠지요? 그 고속도로가 한국에서 제일 오래된 경부고속도로인지, 돈 잡아먹는 귀신이라는 민자 고속도로인지는 모르겠지만 고속도로에 떴다는 그 별을 따라 나는 직장인밴드로 향했습니다. 운명과도 같던 우연의 시작은 이렇습니다.

대학 졸업 뒤 들어간 첫번째 직장의 직속 상사와는 둘 다 그 회사를 그만둔 뒤에도 간간이 연락을 하며 지내던 차였습니다. 그날도 일 때문에 그분의 사무실을 찾았는데, 일 이야기가 끝날 즈음에 "이따가 우리 밴드 번개 있는데 저녁이나 먹고 가지?" 하시는 게 아닙니까? 그분이 취미로

밴드에서 기타를 치고 있다는 건 얼핏 들어 알고 있었습니다. 호기심이 동했던 건 그 밴드 구성원이 모두 나이 마흔 넘은 '아자씨들'이라는 것, 그리고 모두가 공대 출신이란 사실이었습니다.

그때는 영화 〈즐거운 인생〉이나 〈브라보 마이 라이프〉도 나오기 훨씬 전이고 지금처럼 직장인밴드가 흔치 않은 때라 호기심이 마구 동하더군요. 마흔 넘은 아저씨들의 직장인밴드라니! 거기에 더해 평소 '단순·명쾌·무식·발랄한 공돌이 문화'에 대한 로망이 있던 터였습니다. 칙칙하고 음습한(?) 인문학 언저리에서만 십수 년 놀다보니 군더더기 없이 딱딱 맞아 떨어지는 숫자와 기계의 세계가 마냥 멋져 보였거든요. 그래서 냉큼 따라나섰습니다. 1시간 뒤 벌어질 엄청난 일은 상상도 하지 못한 채 말이죠.

그렇게 홍대 주변 삼겹살집에서 '공대 출신 마흔 넘은 직장인밴드'의 아저씨들을 처음 만났습니다. 재미있더군요. 아자씨들, 노는 게 어찌나 순진하고 귀여우신지. '공대생은 순진하고 착하다'라는 오래 묵은 편견에 '공대생은 졸업하고 나이 들어도 순진하고 착하다'라는 새 편견이 하나 더 늘었습니다. 삼겹살에 소주를 주거니 받거니, 기분 좋게 알딸딸해지면서 화제는 자연스레 밴드 이야기로 흘렀습니다. 다들 한껏 진지하고 심각하게 음악 이야기를 하는 것이, 멀리서 보면 '산울림'이나 '들국화'의 (탈퇴)멤버들인 줄 알겠더군요.

문득 자기들끼리만 이야기하는 것이 미안했던지 한 아저씨가 내게 물었습니다. "음악 좋아해요?" "예, 조금요." "무슨 음악 좋아해요?" "잘은 모르지만, 록음악이 땡겨요. 힙합이랑 테크노도요. 비트가 강해서 심장이 둥둥거리는 음악이 좋더라고요." "다룰 줄 아는 악기는 있어요?"

"어릴 때 피아노를 좀……."

그때였습니다. 신시사이저(줄여서 흔히 '신디'라고 말합니다)를 맡고 있다는 아저씨의 눈이 반짝거린 것은. "체르니 몇 번까지 쳤어요?" "40번 뗐는데요." "오래 쳤나보네?" "7년 정도 배웠어요." "아이구, 잘 치겠네요?" "그냥저냥요." "악보는 잘 보죠?" "대충요." "박치는 아니죠?" "아마도요." 신디 아저씨가 꼬치꼬치 묻는 말에 막둥이처럼 또박또박 대답하다보니 영문도 모르는 채 슬금슬금 진땀이 나더군요.

신디 아저씨가 조금 흥분하기 시작했습니다. "〈Highway Star〉가 능하겠다." 드럼 아저씨가 심각한 표정으로 말을 받더군요. "글쎄, 그게 워낙 박자가 빨라서…… 혼자 치는 피아노랑 밴드 건반은 다르잖아." "그래도 일단 가능성은 있지 않아?" "보컬 생각을 들어봐야지." 모두들 보컬 아저씨를 쳐다보았습니다. 뭔 얘기들이 오가는지 모르는 나 또한 덩달아 보컬 아저씨를 보았습니다. "해보지 뭐."

보컬 아저씨의 심드렁한 듯 흔쾌한 대답에 다른 멤버들이 술렁거렸습니다. 흥분한 얼굴로 신디 아저씨가 제게 물었습니다. "〈Highway Star〉 알아요? 딥퍼플?" "네. 들어봤어요." "중간에 피아노 솔로 부분이 잠깐, 아주 잠깐 나오는데, 그거 칠 수 있겠어요? 별로 어렵지 않아요. 충분히 칠 수 있을 거예요." 소주 몇 잔 들어가 알딸딸한 상태였기에 불행히도 머릿속에 〈Highway Star〉의 멜로디가 '저언혀' 떠오르지 않았습니다. '별로 어렵지 않아요'라는 말만 메아리쳤죠. 몽롱한 눈에 기대에 찬 아저씨들의 얼굴이 별처럼 촘촘히 박혔습니다. "다음달 연습 때 〈Highway Star〉 할 거니까 악보 찾아서 연습해오세요. 알았죠?" "…… 네, 알겠습니다."

달리는 고속도로에서 손가락에 쥐가 나다

'순진하고 착한 공대 출신 직장인밴드 아저씨들'이라는, 거부하기 힘든 유혹 앞에서 결국 나는 고개를 끄덕이고 말았습니다. 술 때문이었습니다. 난생처음으로 밴드 연습 구경한다는 호기심도 살짝 동했고요. 술 때문이었습니다. 연주에 대한 두려움 따위는 없었습니다. 술 때문이었습니다. 피아노 솔로는 아주 잠깐이라니, 그까짓 거 뭐 대충 안 들리게 뭉개면 되겠지. 훗, 과연? 술 때문이었습니다.

이튿날 딥퍼플의 음반을 찾아 들었습니다. 〈Highway Star〉라, 할리우드 스타도 아니고 이름 참 길바닥스럽군. 시시덕거리며 음악을 듣기 시작했는데, 석 달 열흘 전에 마신 술까지 확 깨면서 '속았다!' 라는 생각이

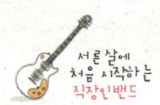

드는 데는 채 1분도 걸리지 않더군요. 절대 못 해. 안 돼. 말도 안 돼. 이건 인간의 연주가 아니야. 난 못 쳐!

지난밤, '쐬주' 몇 잔에 넋 놓고 있다가 벌인 일은 실로 엄청난 것이었습니다. 〈Highway Star〉의 그 오르간 솔로 부분이 어떤 블로거의 말마따나 '전자 사운드의 개척기인 1970년대, 하몬드 B3와 C3 오르간으로 절정의 무공을 보여준 당대 최고수이자, 록 사운드와 하몬드 오르간의 결합을 궤도에 올려놓은 장본인, 최고의 키보디스트' 존 로드의 연주라는 사실을 알게 됐을 때의 그 절망감이란!

도망가기로 했습니다. '취해서 기억 안 난다면 설마 잡아먹겠어? 정식으로 오디션을 본 것도 아니고 내가 하고 싶다고 먼저 조른 것도 아닌데. 그래, 개쪽 당하기 전에 미리 발 빼자!' 맘 편히 두 다리 뻗으려는 찰나, 더 엄청난 일이 벌어졌습니다. 악기가, 악기가 도착한 겁니다! 멤버가 될지 안 될지도 모르는 친구에게 연습하라고 신시사이저를 사서 보내다니, 밴드를 위해서라면 아까울 것 없는 이, 이, 이 통 큰 아자씨들 같으니라고!

황당한 마음이야 나 몰라라, 눈과 손은 어느새 악기로 향하고 있더군요. 처음 보았습니다. 중후하면서도 잘빠진 '제대로 된 무대용' 신시사이저. 몇 해 전에 친구가 쓰다 버린 작은 키보드를 갖고 논 적이 있었는데, 비교할 바가 못 되더군요. 일단 크기에서 압도당했습니다. 피아노와 똑같은 88건반에 묵직한 터치감, 거기에다 피아노를 완벽히 재현해낸 환상적인 소리! 클래식 피아노, 스테이지 피아노, 록 오르간, 파이프 오르간, 머시기 거시기 오르간을 비롯해 수십 가지의 악기 소리를 내주는 신기한 녀석에 어느새 푹 빠져버리고 말았습니다. 아, 아저씨들은 단박에 알아버린 겁니다. 내가 신기하고 요상한 물건에 약한 녀석이라는 사실을요.

악기 앞에 멍하니 앉아 고민하기를 몇 시간. 고속도로에서 튕겨져 나와 국도를 내달리던 마음이 슬슬, 고속도로 표지판을 힐끔거리기 시작했습니다. 결국 해보기로 했습니다. '악기를 다시 보내자니 택배비가 아까워' 밴드를 시작한 사람은 나밖에 없지 않을까요? 물끄러미 악기를 보고 있자니, 아저씨들의 대책 없는 믿음에 보답하기 위해서라도 반드시 다음 연습 때 〈Highway Star〉를 완벽하게 쳐야겠다는 생각이 들더군요. 하지만, 어떻게?

답은 하나, 연습뿐이었습니다. 처음 며칠은 건반을 눌러볼 엄두도 나지 않았습니다. 그저 음악을 듣고 또 듣기만 했죠. 그렇게 음악을 좀 듣고 난 뒤 비로소 연습을 시작했습니다. 연습 방법이요? 뭐 간단합니다. 어렵지 않아요.

1. 오디오로 〈Highway Star〉를 듣는다.
2. 잽싸게 악기 앞에 앉는다.
3. 흘러나오는 음악을 따라 건반을 친다.
4. 1부터 3까지의 과정을 무한 반복한다. 참 쉽죠?

참 무식하기 짝이 없는 연습이었지만, 지금 다시 한다 해도 그 방법밖에는 길이 없다는 생각이 드네요. 100번 듣고 100번 연습하기. 무조건 많이 듣고 무조건 많이 쳐보기. 틈나는 대로 듣고 짬나는 대로 연습하기. 그

때까지 필요 없었던 MP3 플레이어도 샀습니다. 이 곡을 위해서요. 지하철에서도 듣고 버스에서도 들었습니다. 노다메(일본만화 〈노다메칸타빌레〉의 천재 주인공)나 카이(일본만화 〈피아노의 숲〉의 천재 주인공), 경민이(영화 〈호로비츠를 위하여〉의 천재 주인공)가 아니니, 어쩌겠어요. 무조건 많이 듣고 많이 따라해보는 수밖에요.

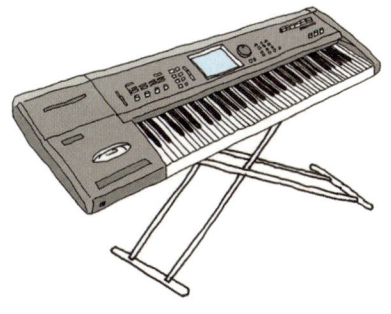

머리 쥐어뜯으며 깨달았도다!

하지만 시작부터 완벽한 좌절 그 자체였습니다. 도저히! 따라갈 수가 없는 거예요. 솔로 부분이야 워낙 빠르니 그렇다쳐도, 비교적 평범한 도입부조차도 번번이 타이밍을 놓치기 일쑤였습니다. 악기 앞에 앉아 건반은 제대로 눌러보지도 못하고 애꿎은 음악만 탓하며 앞으로 되돌리기를 수백 번 했습니다. 초등학교 2학년 때부터 삼각자로 손등 맞아가며 7년 동안 열심히 배웠던 모차르트, 베토벤, 바흐 선생이 혀를 끌끌 차는 소리가 들리는 것 같기도 했습니다.

슬프더군요. 비극이었습니다. 좌절했습니다. 절망했습니다. 울고 싶었어요. 없는 살림에 피아노학원 보내주고 피아노까지 사주신 엄마께 죄

송했습니다. 나 꽤 잘 치는 피아노였다고! 초등학교 4학년 때 어린이 피아노 경연대회에 나가 손가락이 꼬이는 바람에 예선 탈락한 기억이 뼈아프게 남아 있긴 하지만 중고등학교 합창대회 때면 반주를 도맡은 실력 아닌가! 그런데 왜! 그렇게 한참 삽질을 하면서 비로소 깨달았지요. 피아노를 잘 치는 것과 밴드에서 건반을 잘 치는 것은 전혀 다르다는 것을.

　머리 쥐어뜯으며 찬찬히 생각해봤습니다. 마치 100미터 경주에 나선 선수처럼 아무것도 살피지 않은 채 오직 앞만 보고 있었던 겁니다. 총소리 나자마자 냅다 달려 남이야 넘어지거나 말거나, 흙먼지가 일거나 말거나 들입다 달렸던 겁니다. 그러니 될 리가 있나요. 나는, 밴드 음악이란 게 뭔지, 전혀 모르고 있었던 겁니다. 무조건 내 것만 치려고 덤벼서는 안 된다는 것. 다른 악기를 귀담아들은 뒤 곡의 조화를 깨지 않고 있는 듯 없는 듯 그 속으로 빨려 들어갈 수 있어야 한다는 것, 그것을 깨달았어요.

　일단 연습을 멈추고 뮤직비디오를 찾아보기 시작했습니다. 난다 긴다 하는 밴드의 공연 영상을 보며 입을 쩍 벌리고 있었어요. 신기하더군요. 어쩌면 저럴 수 있을까요? 기타면 기타, 드럼이면 드럼, 보컬이면 보컬, 다 따로 노는 것 같으면서도 완벽하게 녹아들더군요. 저마다 정말 연주 끝내주게 잘하는데, 누가 봐도 각자 잘난 체하는 게 뻔한데, 그런데도 어쩌면 소리가 그렇게 어우러질 수 있을까요. 놀라웠습니다. 레드제플린이 레드제플린인 이유를, 메탈리카가 메탈리카인 이유를 조금 알 것 같았습니다. 그들이 최고인 이유는 멤버 개개인이 최고의 개인기를 갖고 있으면서도 함께 모여 최고의 연주를 들려주기 때문이었습니다.

　잠시 넋 놓고 있다가 다시 연습을 시작했습니다. 음악을 귀담아들었

죠. 드럼의 리듬과 베이스의 뒷받침과 기타의 멜로디 뒤를 조용히 따라갔습니다. 마치 친구들이 줄 끝을 하나씩 잡고 서서 줄을 돌리고, 나는 그 줄을 넘기 위해 쭈그리고 앉아 가만히 기다리는 듯한 기분이었습니다. 꼬마야 꼬마야 뒤를 돌아라, 꼬마야 꼬마야 땅을 짚어라, 꼬마야 꼬마야…… 줄이 부드러운 곡선을 그리며 하늘을 향했다가 땅으로 천천히 내려와 부드럽게 땅을 쓸고 다시 오르려 하는 찰나, 바로 그 순간에 뛰어올라야 하죠. 발에 걸리지 않고 가뿐히 내 머리 위로 넘어가는 줄을 바라보는 기분.

하나, 둘, 셋. 입으로는 박자를 따라 세고 귀로는 드럼과 기타의 선율을 따라가면서 비로소 틀리지 않고 건반을 누르게 됐을 때의 그 기쁨. 그렇게 엇박 아닌 정박으로 도입부를 시작하고 나니 좀 살 것 같았어요. 뭐 비

교적 쉬운 부분이니 그렇다 치고 솔로 부분은 어쩐다? 어찌긴 뭘 어째. 죽어라 연습해야지. 하루 2시간 정도 죽음의 솔로 부분을 연습하고 나면 오른쪽 손가락들이 뻣뻣해 잘 구부러지지 않기도 했고, 손등으로 이어지는 근육들이 저릿저릿해 한참을 주무르기도 했습니다. 하루 8시간, 10시간씩 연습하는 프로 연주자들이야말로 철인이구나 하는 생각이 들더라구요.

그렇게 하루에 2시간 이상 연습하면서 좌절과 환희를 2주 정도 반복했을 때, 기적이 일어나고야 말았습니다. 어느 순간, 소리가 하나로 들리는 것이 아닙니까. 항상 내가 치는 건반 소리와 오디오에서 들리는 음악소리가 조금씩 어긋나 삐걱삐걱 돌림노래 하듯 엎치락뒤치락하곤 했는데, 어느샌가 소리가 어긋나지 않는 것이었습니다. 내 건반과 오디오에서 흐르는 소리가 딱 맞아떨어져 더이상 삐걱대지 않고 한 음악으로 들릴 때의 그 기분이란! 방방 뛰며 만세를 불렀죠. '존 로드 나오라 그래!'

방구석에서 홀로 연습한 지 2주 만에 〈Highway Star〉의 신시사이저 솔로 부분을, 겨우 흉내나마 내볼 수 있게 되었습니다. 쥐나는 손가락을 움켜쥐고 직장인밴드로 가는 힘겨운 첫걸음을 내딛게 된 거죠. 바야흐로 얼결에 어영부영 시작하는 '어리바리 직장인밴드' 이야기는 이렇게 시작됩니다.

야근으로 피고 지네, 가엾어라 내 청춘

자, 흥미진진하시죠? 재밌어서 막 손에 땀이 배이시죠(이런 진부한 표현을……)? 그래서? 어떻게 됐는데? 응응? 막 닦달하고 싶으시죠? 연습은 성공했니? 틀리지 않았어? 그래서 직장인밴드 멤버로 받아들여진 거야? 워워, 조금만 참아주세요. 처음부터 다 뒤집어 보이면 내 밑천이 모자라잖아요. 밴드 이야기는 뒤로 잠시 미루기로 하고 내 이야기를 좀 풀어놓아야겠습니다.

대학 다닐 때, 어쩌다 연락이 닿는 중고등학교 동창들이 제일 먼저 묻는 말은 "대학가요제 언제 나가? 할 때마다 너 나오나 찾아봤는데 안 보이더라?"라는 말이었습니다. 물론 그들은 그냥 한 말이었겠으나, 듣는 나는 속이 쓰리곤 했습니다. 술 마시고 노느라, 선배들 따라 데모하러 다

니느라 워낙 바빠서, "니들, 대학가요제 꼭 봐라. 나 대상 먹는 장면 놓치면 안 돼!"라고 큰소리치고 다녔던 것을 까맣게 잊어버렸지 뭡니까. 중고등학교 다닐 때 나는 '노래 좀 하는' 아이였습니다.

아주 잘한다고는 못 해도, 노래를 무척 좋아하고 또 시키면 절대 빼지 않았지요. 소풍이나 체육대회 때는 부끄러운 줄도 모르고 전교생 앞에서 늘 마이크를 잡았습니다. 그때 부르던 노래들은 이선희의 〈J에게〉, 이상은의 〈담다디〉, 양수경의 〈바라볼 수 없는 그대〉, 원준희의 〈사랑은 유리 같은 것〉, 이지연의 〈그 이유가 내겐 아픔이었네〉, 장혜리의 〈추억의 발라드〉, 작품하나의 〈난 아직도 널〉 같은 추억의 명곡들. 지금 떠올려보니 절로 흥얼거려지네요(아, 연식 나온다).

대학을 졸업한 뒤 들어간 첫 직장은 작은 잡지사였습니다. 대학을 두 군데 옮겨 다니며 7년을 배운 글쓰기(첫번째 대학에서는 국문과, 두번째 대학에서는 문예창작학과를 다녔답니다)였기에 일찌감치 '전공으로 밥벌이하자'라는 굳은 결심을 한 터였죠(자랑 같지만 그 흔한 토익 시험 한 번 본 적 없습니다). 새로운 사람을 만나는 것, 새로운 문화를 접하는 것에 관심이 있으니 기자가 되면 재밌겠다 싶었습니다. 글쓰기와 관련된 일이 책상물림 되기 쉬운 탓에 그나마 활동적으로 재미나게 할 만한 일은 기자질이라 생각했던 게지요. 바보.

대한민국에서 글발 날리는 기자가 되리라는 부푼 포부를 안고 들어갔던 첫 직장은 정체가 조금 희한한 잡지사였습니다. 문화 무크지 만드는 기자를 뽑는다는 구인공고를 보고 혹해 들어갔는데 사장이 본업인 잡지는 제쳐두고 다른 일만 줄기차게 벌여대는 통에 수습 석 달 동안 정말로 뒷수습만 하다 그만두었지요. 석 달 동안 잡지는 한 권도 안 만들었어요. 단 한 권도! 밖에서 주워듣는 말에는 솔깃하면서 직원들 이야기는 개똥같이 듣는 사장이, 제일 피해야 할 인물이라는 것을 알게 된 귀한 시간이었지요.

두번째는 월간지 만드는 곳이었습니다. 이 회사도 조금 특이했습니다. 영혼, 기, 정신, 우주, 차크라, 명상, 점성학, 초능력, 전생, 채널러, 신비주의, 최면, 종교, 오컬트 등을 다루는 곳이었죠. 나라는 인간은 예나 지금이나 영혼이나 정신보다는 육신에 관심이 많고 관념론보다 유물론이 우월하다고 믿던 터라 몇 달을 일하면서도 적응이 잘 안 됐습니다. 출근하자마자 전직원이 둥글게 모여 앉아 조용한 음악을 틀어놓고 명상하는 것도 상당히 괴롭더군요. 명상 때문에 30분 일찍 출근해야 하는 것도 불만이었습니다. 아침잠 30분은 불로장생의 지름길이건만!

결국 두번째 회사도 그만두고 말았습니다. 아침 명상과 신비주의의 모호한 아우라를 못 견디고 뛰쳐나왔느냐고요? 아뇨. 구독자가 너무 없어 회사에서 월간지를 그만 만들기로 했거든요. 예의, 신의, 충효 등 여러 덕 가운데 우리나라 사람들이 가장 가치 있게 생각하는 '육덕'이 빠진 영혼의 월간지는 아무래도 잡지 시장에서 영 인기가 없었나 봅니다. 대중들의 천박한 영혼을 고양시켜줄 수 있는 고상한 월간지는 아직 갈 길이 멀다는 것을 두번째 직장에서 새롭게 알게 되었네요.

그리고 세번째 직장은 주간신문사였습니다(나오기도 잘 하지만 들어가기도 참 잘 들어가죠잉…… 2000년 초반만 해도 IMF의 여진이 남아 있긴 했지만, 지금처럼 '88만원 세대'란 말도 없었고 전국민 절반이 비정

규직인 시대는 아니었습니다). 대학교수와 강사, 지식인, 대학원생 들을 대상으로 하는 일종의 학술전문지였는데, 비로소 일다운 일을 한다는 생각이 드는 곳이었어요. 그!러!나! 우리나라에서 '일다운 일' 좀 한다고 치면 몇 가지 필수 덕목이 있다는 것을 미처 몰랐습니다. 그것은 야근·철야·휴일특근 등등이었죠.

광화문 술집에서
노래로
술을 별다

 매주 16면에서 24면 신문을 만들어내는 것은 보통 일이 아니었습니다. 광고가 절반을 잡아먹는 보수 일간지나 육덕진 사진으로 도배하는 옐로페이퍼가 아닌 터라 그저 열심히 기사를 써대는 수밖에 없었습니다. 대학과 지식인 사회의 동향과 학술 경향, 문화 정보, 서평에서 정치사회 비판 칼럼 등 온갖 잡다구레한 내용을 빼곡히 채우려면 예닐곱 명의 기자들이 날마다 머리 싸매고 바삐 뛰어다녀야 했지요. 저는 여기서 '학술문화부' 소속 명함을 달고 서평 쓰기부터 이런 저런 학술대회, 공청회에서 미술전시장, 공연장, 대학, 집회 현장까지 쫓아다녔습니다.
 뿐인가요. 열악한 영세 신문사의 형편 때문에 편집기자가 따로 없어

서 모든 기자들이 편집기자 노릇까지 했습니다. 국장과는 기사 제목을 상의하고 디자이너와는 기사 레이아웃과 사진, 일러스트 등을 상의했지요. 편집기자가 없는데 교정교열 보는 사람이 따로 있을 리 없어서 눈에 띄는 대로 오탈자 잡아내고 교정까지 보았으니 이 얼마나 훌륭한 기자들이란 말입니까. 하여 이 회사에 다니는 동안 신문 기사 쓰기의 ㄱ부터 ㅎ까지 다 배웠다고 해도 틀리진 않을 겁니다.

    일은 나름 재미있었으나 몸은 고됐습니다. 먹고사는 동안 대학가요제 나가리라는 꿈 따위, 언제 꾼 적 있었나 싶어지더군요. 일주일에 이틀, 사흘씩 야근하고 때로는 회사 소파에서 잠을 자며 보낸 3년 동안, '기력이 쇠해 도저히 못 해먹겠다!' 싶은 순간이면 노래를 불렀습니다. 목에서 단내가 나도록 노래를 부르다보면 쇠했던 기력이 좀 충전되는 것 같았으니까요. 마감과 야근으로 시들어가는 내 청춘을 위로해준 건 때로 애인의 뜨뜻미지근한 손길이었고, 기사 잘 썼다는 데스크의 칭찬이었고, 꼬박꼬박 제 날짜에 들어오는 월급이기도 했지만, 그보다 더 큰 위로는 노래였습니다.

    마감 끝난 날 우리가 가는 곳은 정해져 있었습니다. 회사는 광화문 세종문화회관 근처였고, 가까운 곳에 단골 맥줏집이 있었어요. 마감 '땡' 하면 그곳에 달려가 병을 쌓아가며 마셨죠. 일삼아 다니다보니 맥줏집 이모랑 친해져서 술을 시키지 않아도 알아서 가져다주었습니다. 이모가 바쁠 땐 그냥 가져다 먹었죠. 기자들끼리 둘러앉아 말귀 어두운 발행인이랑 취재하면서 만난 진상 교수들 욕을 한바탕 하다보면 마감에 짓눌린 마음이 조금은 가벼워졌습니다.

마음은 말술이지만 늘 몸이 안 따라줘 맥주 서너 병을 마시고 나면 여지없이 취기가 돌고, 슬슬 뱃속에서 가락이 올라오기 시작합니다. 밤 11시. 말보다는 노래가 어울리는 시간. 나도 모르게 어깨가 들썩이고 발끝이 까딱거리며 있지도 않은 장단을 맞추기 시작합니다. 동료들의 말소리가 말로 들리지 않고 리듬으로 들리죠. 몽롱하게 풀어진 눈빛을 본 동료들은 압니다. 오늘도 어김없이 그분이 오셨다는 것을요. 아무도 말릴 수 없습니다. 맥줏집 이모님도 못 말리죠. 나는 슬그머니 탁자에서 일어납니다. 그러고는 목청을 가다듬고 낭랑한 목소리로 이야기하죠.

"에, 만장하신 시민 여러분 안녕하십니까. 오늘도 하루 종일 힘겨운 노동을 마치느라 얼마나 수고가 많으셨는지요."

광화문 근처 직장인들이 단골인 술집인지라 밤에는 늘 넥타이 맨 중장년들이 많았습니다. 밀담이라도 나누듯 심각한 표정으로 숙덕거리던 그들은 난데없는 소동에 '저것 보게?' 하는 표정으로 나를 쳐다보죠. 관객의 눈이 모이면 더욱 신이 나서 말이 술술 잘 풀립니다.

"에, 서울 시내 하고많은 술집에서 광화문, 그것도 하필 이 순간 이 자리에 우리가 모인 것은 결코 우연이 아니요, 억겁의 시간을 돌아 우주의 아득한 한 점에서 만난 놀라운 인연이므로……"

술 때문이었습니다. 주저리주저리 말이 많아져 급기야는 "목마른 사슴이 샘물을 찾듯이"가 나오기 전에 얼른 수습해야 합니다.

"노래 한 자락 부르겠습니다."

눈이 휘둥그레지고, 여기저기서 휘파람 소리와 박수 소리가 들립니다. 신기했을 거예요. 지금 생각해도 스스로가 신기합니다. 몇 안 되는 테

이블이지만, 어쨌든 술집에는 사람들이 있습니다. 그들은 관객이지요. 그것도 원치 않은 관객. 어떤 관객은 누가 노래하거나 말거나 변함없이 심각한 표정으로 얘길 나누고 어떤 관객은 호기심 가득한 표정으로 이쪽을 바라봅니다. 작은 술집이라 고개만 쓰윽 돌려도 관객들의 표정이 한눈에 들어오지요.

누가 청하지도 않았는데 스스로 일어나 노래를 하겠다고 한 이상, 나는 그들의 귀한 시간에 함부로 끼어든 사람이니, 최선을 다해 노래하지 않으면 안 된다고 생각했습니다. 술집에서는 늘 첫 곡으로 같은 노래를 부릅니다. 〈빛과 그림자〉라는 노래인데, 최희준 선생과 패티김 선생이 불렀죠. 나는 그냥 내멋대로 부릅니다. 멜로디도 가사도 참 단순한데 무언가 서러운 느낌이 좋아서, 늘 부르는 노래입니다. 눈을 감고 온 힘을 다해 노래를 부르고 나면, 나도 관객도 술집도 잠시 숨을 멈추었다가 이윽고 박수가 터집니다.

눈을 뜨고 보면, 아까 쳐다보지 않던 관객들마저 눈웃음을 보냅니다. 그러고 나서 관객들에게서 술병이 건너오지요. 두 병, 세 병 건너오면 기꺼이 받습니다. 정성을 다해 노래를 불렀으니 술을 버는 것은 당연한 일이라고 생각했습니다. 그렇게 해서 한 달에 한두 번씩은 맥주를 벌었죠. 혹시라도 이 책을 읽고 계신 분 중에 2001년, 2002년 즈음 광화문 어느 술집에서 내 노래를 듣고 맥주를 건넨 분이 있을지 모르겠네요. 고맙습니다. 그때 내가 불렀던 노래는, 감히 말씀 드리건대, 최고였어요. 그때 얻어 마셨던 맥주도 최고로 맛있었고요.

가끔 그 시절이 생각납니다. 몸도 마음도 어설픈 인간이 갓 서른이

되어 생활인으로 한몫해보겠다고 안간힘을 써댔지요. 일이 고돼 징징대다가도 맥주 몇 병 안겨주고 노래만 시켜주면 금세 헤헤거렸습니다. 그렇게 해서 회사를 한 달 더 다니고, 두 달 더 다녔습니다. 이 악물고 버텼지요. 어쩌면 그때 나에게 노래란, 아저씨들이 넥타이 풀어헤치고 달려들어 잡은 기타나 드럼 같은 것이 아니었을까요? 노래든 밴드든, 음악에는 그런 무서운 힘이 숨어 있다는 것을, 광화문에서 노래 부르며 어렴풋이 깨달았나봅니다.

 직장인밴드 인터뷰 no. 1

"시작에서 영원으로"
한국 직장인밴드의 역사
갑근세밴드

언제나 처음은 오래 기억됩니다. 직장인밴드의 대명사. 대한민국에 처음 '직장인밴드'라는 개념을 만들어낸 갑근세밴드. 갑근세밴드는 이미 하나의 밴드를 넘어 몇 개의 팀(갑근세 밑에는 부가세, 특소세 등의 이름을 딴 새끼 밴드들이 있어요)과 수십 명의 멤버를 아우르고 있는 하나의 브랜드가 되었습니다. 1998년에 갑근세밴드를 만들어 11년째 활동하고 있고, 종신 운영진 체제에서 회장을 맡고 있는 구자중 회장. 그에게서 한국 직장인밴드의 역사가 시작되었습니다.

놀라워라 10년을 내다보는 선견지명

초등학교 5학년 때 처음 기타를 잡았고, 중학교 2학년 때 처음 밴드를 만든 그의 밴드 역사는 그야말로 파란만장. 구자중 회장이 갑근세밴드를 만든 것은 서른셋 푸른 청년 시절입니다. 11년이 지나 40대의 중년이 되었지만 갑근세밴드도 그도, 예나 지금이나 음악에 대한 마음 하나로 짱짱한 젊음입니다.

"회사 생활 5년차에 회사를 그만두고 독립을 했습니다. 사업을 시작했죠. 회사를 벗어나 내 일을 시작하니 몸도 마음도 여유가 생겼고, 꿈으로 오래 미뤄두었던 음악을 해야겠다는 생각이 들더군요. 당시 인터넷도 없던 때라 동네 친구들 몇몇이서 PC통신에서 사람 모아 밴드를 만들었죠. 그것이 바로 갑근세밴드의 시작입니다."

대여섯 명의 창립 발기인이 뭉쳤습니다. 지금은 참으로 아련하여라, 그 이름, 천리안과 유니텔에 '밴드 모집공고'를 내자 100여 명 정도가 지원했죠. 그 가운데 20명을 뽑아 첫 갑근세밴드 멤버가 탄생했습니다. 그리고 나서 10년을 넘어 100년을 바라보고 있습니다. 처음 만들었을 때도, 직장인밴드의 황금기인 지금도 독보적이고 또 독보적인 이름, 갑근세. 이 이름 또한 구 회장의 작품이라는군요.

"디자인, 광고 회사에 다녀서 그런지 유별나게 '같은 것'이 싫더군요. 지금은 더 심하지만 그때도 뭐든 영어로 된 이름이 많았어요. 대부분 화려하고 '있어 보이는 이름'들이었죠. 무조건 영어 이름은 피하자 싶었습니다. 또 하나, 밴드 이름에는 그 밴드의 성격을 담아야 한다고 생각했어요. 부연 설명이 따로 필요 없는, 단순하면서도 밴드의 성격을 가장 잘 말해주는 이름을 고민했죠. 한 번 들으면 절대 잊히지 않는 이름을 짓고 싶었습니다. 직장인밴드라는 정체성에 어울리면서도 독특한 갑근세밴드, 이거다 싶었죠."

이쯤 되면 기가 막힌 선견지명이라 할 수밖에요. ㄱ이 두 개 붙은 이름이기 때문에 혹시라도 음반을 내게 되면 음반 목록 맨 앞에 나올 수 있을 거라는 생각 또한 맞아떨어졌고 10년 동안 이름 덕을 톡톡히 봤습니다. 공연 때면 가나다 순서로 당연히 갑근세밴드가 맨 앞에 소개되고, 사람들은 우연히 흘려들은 이 특이한 밴드를 절대 잊지 못했으니까요. 박세리 키드가 자라 신지애가 되었듯 대학생 때 갑근세밴드의 소식을 들은 이들은 '나도 언젠가는 꼭 저런 밴드를 만들어야지' 결심했답니다.

현재 서른아홉 명의 멤버 가운데 40대가 7, 8명, 20대가 8, 9명이고 나머지 30대가 든든하게 갑근세의 허리를 받쳐주고 있습니다. 수요일부터 토요일까지 연습실이 쉼 없이 굴러가고, 회원들은 회사 끝나자마자 야근하듯 연습실로 찾아옵니다. 왜죠? 왜 집에들 안 가고? 오고 싶으니까요. 변함없이 음악을 지켜온 멋진 선배들이 있고, 새로운 기운을

팍팍 불어넣는 상큼한 후배들이 있고, 편하면서도 은근한 긴장감이 있고, 그리고 평생을 함께하고픈 음악이 있으니까요.

직장인밴드는 평등하다, 직장인밴드는 즐겁다

"여기서는 부장과 사원이 아니라 형과 동생, 오빠와 누나가 되지요. 공적인 조직이 아니라 마음을 편히 둘 수 있는 나만의 사조직을 하나 둔 셈이니 든든할 수밖에요. 사회 초년생들에게 직장인밴드를 꼭 권하고 싶습니다. 장점을 들자면 끝도 없어요. 기본적으로 음악에 대한 갈증 해소가 되죠. 거기에 더해 평등한 인간관계가 가능합니다. 먼저 들어온 선배라고 해서 위계질서를 따지느냐, 안 되거든요. 결국 음악은 무대에 서서 동등하게 하는 겁니다. 10년 선배와도 한마음으로 공연을 즐길 수 있죠.

또 직장인밴드는 내가 가진 하나의 사회 관계망입니다. 집하고 회사만 왔다 갔다 하면서는 절대 만날 수 없는 사람들을 만나고, 관계를 넓히게 되죠. 나와 다른 일을 하고 다른 경험을 한 사람들의 생각과 가치관을 배울 수 있다는 것이야말로 직장인밴드만이 갖는 매력입니다. 이런 장점들 때문에 한 번 밴드 맛을 본 사람들은 절대 빠져나가지 못합니다. 다시는 밴드 안 해! 뛰쳐나간 사람들도 결국은 다시 밴드를 찾게 되죠."

호환, 마마, 전쟁보다 무서운 독성이 바로 직장인밴드라는 말씀. 동네 친구들로 뭉친 초창기 멤버들이 그대로 첫 마음을 안고 가는 갑근세 밴드의 저력은 얼마 전 음반 발매로 나타났습니다. 밴드를 하다보면 슬금슬금 '우리만의 음악'에 대한 욕심이 생기고, 그 욕심을 뒷받침할 수 있는 실력을 갖추기 위해 노력하게 되죠. 갑근세밴드는 어쩌면 직장인밴드의 테두리 안에 갇혀 있기에는 너무 큰 밴드인지도 모릅니다. 하지만 즐기는 음악, 삶과 조화를 이루는 음악이라는 기본 신념은 흔들리지 않습니다.

자리를 지켜오는 10년 동안 구자중 회장은 수많은 직장인밴드들이 나타났다 사라지는 모습을 지켜봤습니다. 열의를 갖고 시작하던 팀이 몇 년을 버티지 못하고 와해되는 모습을 안타깝게 바라보기도 했죠. 그래서 '직장인밴드를 잘할 수 있는 방법'을 물어오는 사람들에게 신신당부합니다. 잘난 체하지 말고, 경쟁하려 들지 말고, 팀원들을 배려하라고요.

"직장인밴드에서 재능을 뽐내면 사람을 잃습니다. 혼자서 얼마나 잘났는지 뽐내기 위해서라면 직장인밴드를 꿈꾸지 마세요. 실력 있는 개인의 독단적인 재능과 자질로 굴러가는 것이 아니라 서로의 끊임없는 배려와 책임으로 굴러갑니다. 직장인밴드를 단순히 나의 음악적 완성도를 높이기 위해 이용한다면 참 슬픈 일이겠지요. 경쟁이 아니라 조화라는 사실 잊지 마세요. 직장인밴드는 무조건 즐거워야 합니다. 즐겁지 않으면 그것은 직장인밴드가 아니죠. 명심하세요."

나를 키운 8할 노래방

이왕 노래 이야기가 나왔으니 노래방을 빼먹고 갈 수는 없겠네요. 1992년, 대학에 처음 입학했을 때 바야흐로 대학가는 다양한 문화 충격과 논쟁에 둘러싸여 있었습니다. 서태지와 아이들이 강호에 나타났고(전국에 '난 알아요'라는 간판을 단 술집, 떡볶이집, 밥집 들이 함께 생겼다지요), '신세대'라는 새로운 용어가 자리를 잡았습니다. 포스트모더니즘의 등장과 학생운동의 쇠퇴라는, 불온한 기운도 물씬 감돌기 시작했죠. 1992년 어느 날, 올리버 스톤이 만든 영화 〈JFK〉를 보고 동아리 친구들과 노래방엘 갔습니다(게리 올드먼을 좋아하게 된 것은 바로 암살범 오스왈드로 나온 그의 음울하게 흔들리는 눈빛에 홀딱 반한 순간부터였습니다).

노래방이 처음 나온 것이 1991년이던가요? 일본에서 개발한 가라오케 기계가 부산을 통해 들어온 것이 노래방 역사의 시초라고 알고 있습니다. 여하튼 노래방은 내게 서태지보다 더 충격적이고 잔디밭 막걸리보다 달착지근하고 미팅, 소개팅 이런저런 팅 들을 다 합친 것과도 절대 바꾸지 않을, 절대적이고 거대한 그 무엇이었습니다. 500원짜리 동전만 넣으면 어떤 노래도 매끄러운 반주에 맞춰 부를 수 있는 기계라니! 세상에 이토록 놀라운 기계가 있다니! 충격이었습니다. 90년대 초반 금영과 아싸, 그리고 뒤이은 태진. 첫사랑 이름은 잊어도 이 세 이름은 영원히 잊지 못할 겁니다.

나로 말할 것 같으면 어디에 내놔도 빠지지 않는 기계치입니다(자랑입니다). '혼자 사는 여자의 진정한 벗은 남자보단 공구세트지' 하며 실컷 비싼 공구세트를 갖춰놓고도 작동법을 몰라 몇 년 동안 전동 드릴을 한 번도 못 쓴 기계치, 심지어는 한글로 된 매뉴얼조차 무슨 말인지 이해 못 해 전자제품을 사면 아예 매뉴얼을 쳐다보지 않는 기계치. 어릴 때 순돌이 아빠(80년대 인기 드라마 〈한 지붕 세 가족〉에 나온 만능 전파사 아저씨)를 제일 존경했던 기계치였습죠. 평생을 기계치로 살아온 나에게 이 세상 기계들은 늘 차갑고, 건방지고, 불친절하고, 쓸데없이 복잡했지만, 노래방 기계만큼은 달랐습니다.

내 생애 앞으로 또 그처럼 단순하고, 명쾌하고, 묵묵하고, 우직하면서도 부드럽고, 따뜻하고, 본연의 임무에 충실한 남자를, 아니 기계를 만날 수 있을까요? 그는 슬플 때는 위로가 되어주고 쓸쓸할 때는 벗이 되어주었습니다. 울고 싶을 때는 뺨을 때려주었고, 즐거울 땐 탬버린을 보태

흥을 돋워주었지요. 날 차버린 놈에게 악에 받쳐 고래고래 노래 부를 때도 시끄럽다 타박하지 않았고, 배려하는 마음까지 남달라 늘 95점 이상 후한 점수로 자잘한 기쁨을 주었습니다. 그런 기계가, 이 세상에 또 있을까요? 아아, 벌써부터 가슴이 먹먹, 코끝이 시큰, 눈시울이 뜨끈해지는군요.

거짓말 안 보태고 1992년부터 17년 동안 노래방에 쏟아부은 돈은, 아마 노래방 하나쯤 차리고도 남을 겁니다. 정겹던 500원 자판기 시절부터 싸구려 테이프에 노래를 녹음해주던 '데모 테이프'의 시절을 지나 (아 그러고 보니 노래방에서 녹음했던 그 많던 테이프들은 다 어디로 갔을까요) 가파른 물가 상승 곡선을 따라 기본요금 1시간에 1만5천 원이라는 슬픈 현실을 목격했고, 급기야 '노래방 새우깡'이라는 새 상품이 등장하는가 했더니 노래방에도 양극화가 일어 럭셔리 노래방이라는 곳이 생기더군요. 급기야 '도우미'라는 서글프도록 천박한 꼴까지 보게 되었으니 참 노래방의 역사도 파란만장합니다.

노래방에서 그동안 주로 불러댄 노래를 읊어보자면 대충 이렇습니다. 해가 바뀌고 취향이 바뀌면서 18번은 조금씩 달라졌지만 변함없는 장르는 록. 뱃속 깊은 곳에서 그악스럽게 소리를 끌어내 목구멍이 찢어져라 '지르는' 노래들이었죠. 이덕진의 〈내가 아는 한 가지〉, 블랙홀의 〈깊은 밤의 서정곡〉, 시나위의 〈겨울비〉, 이광조의 〈가까이 하기엔 너무 먼 당신〉, B612의 〈나만의 그대 모습〉, 김수철의 〈못다 핀 꽃 한 송이〉, 바람꽃의 〈비와 외로움〉, 들국화의 〈그것만이 내 세상〉, 넥스트의 〈절망에 관하여〉 같은 노래들.

노래방은 삶이자 일상이었습니다. 동기와 후배 녀석들을 군대 보내

면서 김광석의 〈이등병의 편지〉를 불러댔고(왜 정작 군대 가는 그들보다 내가 더 비장해졌는지 모르겠습니다), 남자에게 호되게 차이고 난 뒤에는 늘 She를 He로 바꿔 〈She's gone〉(스틸하트)을 불렀죠. K2의 〈소유하지 않는 사랑〉, 뱅크의 〈가질 수 없는 너〉, 정태춘의 〈떠나가는 배〉 또한 실연당한 뒤 부르면 눈물 나는 노래들입니다. 질질 짜다가 악에 받쳐 서태지와 아이들의 〈필승〉을 부르며 떠나간 놈이 불행하기를 빌었습니다. 진심으로요.

스물여덟인가 아홉인가부터 3년 정도는, 또래 친구들과 어깨 걸고 김광석의 〈서른 즈음에〉를 투쟁가처럼 불렀습니다(아, 얼마나 다행인지요. 서른 살 무렵의 불안한 영혼들이 맘껏 부를 수 있던 주제가가 있었다는 사실로, 다시 한번 김광석 님께 감사드립니다). 또다시 시작된 짝사랑에 마음 설레며 〈사랑밖엔 난 몰라〉(심수봉), 〈백만 송이 장미〉(역시 심수봉)를 구슬프게 불러댔죠. 〈미워요〉(또 심수봉)는 또 어떻고요.

한국 사회에서 서른 살 넘은 여자로 사는 일이 팍팍할 때면 김윤아와 이상은이 많이 위로가 됐습니다. 이상은의 〈언젠가는〉을 부를 때면 마음이 평화로워졌고, '그래, 세상은 아직 살 만하지'라는 생각이 들더군요. 김윤아의 〈사랑, 지나고 나면 아무 것도 아닐 마음의 사치〉를 부르면서는 '사랑 그 까이 거! 아무 것도 아니라니까!' 하며 떠나간 사랑을 훌훌 털어버리려 애썼습니다. 정경화의 〈나에게로의 초대〉, 이은미의 〈기억 속으로〉도 쓸쓸한 청춘을 위로해준 좋은 벗이었지요. 아, 노래방 없이 질풍노도의 그 날들을 어찌 지냈을지 생각만 해도 아뜩해지는군요.

노래방, 배신해서 미안해

노래방에서는 대학가요제에 나가지 않고도 가수였습니다. 어느 순간에는 세계 최고의 로커였다가 세상에서 제일 감미로운 노래를 부르는 발라드 가수였고, 손발 오그라들게 간드러진 트로트 가수가 되기도 했습니다. 폭력도 미움도 증오도 없는 완전무결한 세계. 오직 사랑과 평화와 희망찬 미래만이 넘실대는 세계. 이토록 사랑하는 노래방이기에 몇 가지 원칙을 세웠고, 꼭 지키려 노력했습니다.

　　첫째, 술 취한 채로 가지 않는다.
　술 마시고 해롱거리는 상태로 성지에 가는 신도는 없겠죠? 적당히

마시는 것이야 괜찮지만, 스스로 생각하기에 많이 취했다 싶으면 노래방 가는 걸 자제했습니다. 다른 사람들 취했을 땐 물론이고요. 이건 뭐 노래를 부르는지 마이크를 잡아먹는지 악을 쓰는지, 인사불성 취한 사람들이 노래방의 정신을 훼손하는 모습을 보는 것은 참으로 견디기 힘든 일 가운데 하나입니다.

그래서 저는 늘 모임의 1차로 노래방을 주장하곤 했죠. 노래방이야말로 아직 해 있을 때, 정신 말짱할 때 가야 하는 신성한 곳이거늘, 일부 몰지각한 인간들은 "술도 안 취했는데 무슨 노래방?" 하며 태클을 걸곤 했습니다. 그들에게 저는 단호하게 이렇게 얘기하곤 합니다. "가수들이 술 취해서 노래 부르는 거 봤어? 절대 안 되지. 그건 노래에 대한 예의가 아니야. 관객에 대한 예의 또한 아니고."

둘째, 마이크를 독점하지 않는다.

그토록 좋아하는 노래방이건만, 막상 사람들과 노래방에 갈 때면 노래를 많이 부르지 않습니다. 물론 참기는 힘듭니다. 사람들 노래 고를 때, 딴짓할 때 한 곡이라도 더 부르고 싶죠. 하지만 허벅지를 찔러가며 참습니다. 노래방은 평화의 공간이므로 독점은 있을 수 없죠. 그러고는 노래 안 부른 사람들을 눈여겨봐두었다가 그에게 마이크를 건네죠. 아, 한 인간이 한 인간에게 마이크를 건네주는 그 순간의 감동은 정말…… 제일 몹쓸 인간은, 노래방 가자고 할 때 실컷 안 간다고 버텨놓고서 막상 노래방에 딱 들어가면 마이크 잡고 안 놓는 인간입니다. 아니 세상에 독점할 게 없어서 노래방 마이크를…….

셋째, 다른 사람의 노래를 열심히 듣는다.

노래 부르고 있는데 옆 사람이랑 토론하고, 전화 통화하고, 다음에 부를 노래 찾느라 노래목록에 코 박고, 바닥에 술 흘리고…… 참으로 눈 뜨고는 못 볼 풍경입니다. 잘하거나 못하거나 다른 사람의 노래를 열심히 듣고 함께 즐기는 것, 이것이 바로 노래방의 정신이거늘! 앞으로 노래방에 가거든 다 함께 놉시다. 내가 그의 노래를 들어줘야 그도 나의 노래를 들어준다는 사실 잊지 마시고요.

넷째, 음치를 음치라 욕하지 않는다.

아버지를 아버지라 부르지 못하고 형을 형이라 부르지 못한 홍길동의 마음은 이해하지만 노래방은 즐기는 공간입니다. 함께 다독거리며 즐거워야 할 자리에서 대놓고 노래 못한다고 비웃는 거 이거, 가슴에 대못 박는 일입니다. 사랑하는 후배 하나는 20대 때 노래방에서 생긴 트라우마(떨리는 마음으로 전유나의 〈너를 사랑하고도〉를 부르고 돌아섰는데, 짝사랑하던 남자선배가 박장대소하며 손가락질하더랍니다. 와, 나 저런 음치 처음 봐! 하면서요) 때문에 10년이 지난 지금도 노래방을 거부합니다. 이 얼마나 가슴 아픈 일이란 말입니까.

그런데 원칙까지 알뜰히 지켜가며 이토록 사랑하던 노래방을, 고향 집보다 더 자주 가던 노래방을, 남자들이 하나둘 떠날 때도 언제나 내 옆에 있던 노래방을, 나는 배신하고 말았습니다(노래방, 미안해! 날 용서해!). 바로 밴드 때문이었습니다. 정확히는 아저씨들이 연주하는 생음악 반주 때문이었죠.

니들이 합주 맛을 알아?

처음 홍대로 갈 때만 해도 이토록 빨리 노래방을 배신하게 되리라고는 상상도 못 했습니다. 드디어 첫번째 합주 날. 홍대 근처 연습실로 달려갔습니다. 처음엔 실망스러웠어요. 건물은 허름했고 연습실은 지하였어요. 그런데! 두터운 방음 문 저편의 세상은 완전히 다른 세계였습니다. 생전 처음으로 본 합주실은 지금까지 봐왔던 공간과는 전혀 다른 개념, 전혀 다른 기능의 세계였습니다. 그곳은 불필요한 장식이나 디자인은 완전히 배제된, 그야말로 밴드만을 위한 공간이었습니다.

방음 장치가 완벽한 벽은 핵전쟁이 일어나도 까딱없을 정도로 튼튼해 보였고, 갖춰진 장비들은 뭔가 중요한 국가기밀(가령 앰프의 왼쪽에서

세번째 단추를 누르면 한강이 열리고 태권 V가 튀어나온다든가 하는)을 감추고 있는 것 같았습니다. 반짝반짝 빛나는 드럼 세트와 어지럽게 뻗은 전선들. 외국 유명 밴드들이 한국에 공연 왔을 때 종종 연습하러 오기도 한다는, 쥔장의 믿거나 말거나 자랑이 실감나는 순간이었어요.

무엇보다도 그 공간이 마음에 들어버린 이유는, 그 방에 내 거랑 똑같은 신시사이저가 놓여 있지 뭡니까요. 어지러이 널려 있는 각종 전선과 기계장치에 조금 심란했던 마음이, 신시사이저를 보자 스르르 풀렸습니다. 키가 나랑 거의 맞먹는 데다 무게가 20킬로그램이 넘어 도저히 악기를 들고 올 수 없었거든요. 뭐든 손으로 다루는 걸 가까이해본 이라면 이해하실 거예요. 손때 묻고 길든 것을 놓고 왔을 때의 마음이 어떤지를요.

악기 앞에 앉자 불안한 마음이 가시고 집에 있는 것 같았습니다. 연습하던 그대로 칠 수 있게 돼서 얼마나 다행이었는지 몰라요. 사람이 많으니 준비하는 시간도 한참이더군요. 일곱 명이 모여 복닥거리니 연습실이 좁을 정도였어요. 기타 2, 베이스 1, 드럼 1, 신시사이저 2에 보컬까지! 여튼 이러구러 세팅이 끝나고 다들 긴장된 표정으로 자리를 잡았습니다. 그 긴장은, 달리기 시합을 앞두고 아랫배 살살 아픈 고통스러운 긴장이 아니라 무언가 재미있는 일이 일어날 것을 기대하는, 그런 즐거운 긴장감이었습니다.

"자, 달려봅시다."

절대음감을 자랑하는 '스틱 형님(밴드에서 제일 어른인데다 드럼을 치셔서 다들 이렇게 불렀어요)'의 신호를 시작으로 합주가 시작됐습니다. 신디 아저씨의 오랜 숙원이었다는 〈Highway Star〉를, 드디어 연주하게

된 것이죠. 너무 떨려서 청심환이라도 먹고 올걸 하는 생각이 들더군요. 연주 시작 전에 손가락으로 박자를 셌습니다. 시디로 듣는 거랑 실제 연주의 박자 감이 달라 손가락으로 박자를 세는 것이 제일 안전하다고 판단한 거죠. 긴장된 표정으로 손가락을 꼽고 있자니 맞은편에 앉은 신디 아저씨가 웃으십니다.

드럼이 이끌고 베이스가 받쳐주고 기타가 가뿐히 얹고 드디어 신시사이저 차례가 되었습니다. 박자를 놓치지 않고 따라붙을 수 있어서 얼마나 다행이었는지 몰라요. 소리가 너무 커서 다른 연주를 방해하면 어쩌나 걱정했는데, 웬걸요. '택'도 없더군요. "신디 소리 더 올리고!" 오히려 소리가 작다고 혼났습니다. 주눅 들어 있었던 거죠. 혹시 실수라도 할까봐 살금살금. 그런데 아저씨들은 달랐습니다. 드럼도 기타도 베이스도 신시사이저도 보컬도, 있는 힘을 다해 자신이 할 수 있는 온 힘과 마음을 다해 연주하더군요. 틀리는 거 따위 아무도 겁내지 않았어요. 순간 마음이 탁 놓이고 어깨에 잔뜩 들었던 힘이 쑥 빠지지 뭡니까. 그래, 틀리면 좀 어때? 틀릴 수도 있지. 사람이니까.

신시사이저 소리를 최대로 올렸습니다. 소리가 커지니 자연히 손가락에 힘이 실립니다. 묘한 기분이었어요. 분명 어딘가에서 멋진 신시사이저 소리가 들리는데, 그 소리가 내가 내는 소리라는 것이 믿기지 않더군요('온갖 소리의 도가니탕'인 합주실에서 내 악기 소리를 제대로 찾아 듣기 위해서는 상당히 많은 시간과 내공이 필요하다는 것을 뒤늦게 알게 됐습니다). 악기들은 모두 길잡이가 되어주었습니다. 드럼 소리가 제대로 안 들린다 싶을 때는 베이스의 리듬으로 갈 길을 찾았고, 보컬이 쉴 때는 기타 소리가 멜로디를 이어주었습니다. 내 신시사이저 소리 또한 아저씨들에게 그렇게 길이 되었겠지요.

아, 밴드란 그런 것이었습니다! 서로가 서로에게 길이 되고 빛이 되어주는 존재였던 것이지요. 이 각박한 세상에 이토록 아름다운 존재들이 있다니! 감동이 쓰나미처럼 밀려들어 정신이 혼곤해질 무렵, 머릿속에서 "땡" 하고 종소리가 울렸습니다. 바로 정신을 차렸죠. 그분이 오고 계셨거든요. 〈Highway Star〉 문제의 그, 하몬드 오르간 솔로 부분. 술 때문이었습니다. 하지만 여기까지 온 이상 해내야 했습니다. 내가 망치면 아저씨들의 노력도 헛된 것이 될 테니까요.

아저씨들이 모두 나를 보았습니다. 잘해라! 막내 파이팅! 눈빛이 그렇게 말하고 있었습니다. 마음 같아서는 '반사' 하고 싶었으나, 너무 늦어버렸습니다. 운명의 D마이너 첫 '라' 음을 누른 뒤 단숨에 휘몰아친 스물여섯 소절. 내가 손가락인지 손가락이 건반인지, 손가락 관절을 있는 대로 꺾어가며 솔로 부분을 마치고 나니, 어찌나 긴장을 했는지 겨드랑이에 땀이 흠뻑 배었더군요. 노래가 끝나고, 마지막 드럼의 '챙' 하는 소리와 함께 순간의 정적.

넋이 나가 멍한 표정으로 합주실을 둘러보았습니다. 달라져 있었어요. 아까는 온통 기계뿐이던 공간에 음악이 꽉 차 있지 뭡니까. 차가운 기계들이 모여 따뜻한 음악을 만들어내는 신기한 공간. 기계와 사람이 만나서 가장 아름다운 소리를 내는 합주실이, 나는 그만 좋아져버렸어요. 그리고 비로소 연주를 무사히 해냈다는 실감과 함께 아저씨들의 박수가 쏟아졌습니다. "막내 제법이네!" "짜식 연습 좀 했구나?" 성공이었지요. 한 달

동안 울며불며 연습한 순간들이 떠오르며 울컥하더군요. 너무 기뻤어요.

그렇게 해서 오디션 아닌 오디션을 잘 마쳤습니다. "어려운 곡을 쳐내는 신디가 들어와서 밴드의 선곡이 훨씬 풍성해졌다"라며 아저씨들은 좋아했습니다. 듣기 좋으라고 한 말이겠지만요. 그리고 그날, 연습 잘해 온 상으로 선물을 받았습니다. 그것은 바로! 아저씨들의 연주에 맞춰 노래를 부르는 것이었죠. 아, 이거 이거 이거, '쌩음악'에 맞춰 노래하는 기분이 이런 것이었구나! 비로소 알았습니다.

거 왜 영화나 드라마 보면 잔뜩 취한 아저씨들이 이상한 술집에 가서는 꼭 밴드를 불러놓고 되도 않는 노래를 불러대지 않던가요? 단적인 예로 영화 〈와이키키 브라더스〉에 나온 그 썩을놈들. 혀가 꼬부라져 노래도 제대로 안 나오면서 왜 밴드는 저렇게 괴롭히나 했는데, 아, 생으로 연주해주는 반주에 맞춰 노래 부르는 그 맛이, 장난이 아닌 겁니다. 울면서 노래를 불렀습니다. 이수일을 배신한 심순애의 절절한 심정으로, 노래방을 떠올리면서요. 아흑.

직장인밴드 인터뷰 no.2

"록스타, 바다에 뜨다"
김해 직장인밴드
GOLD SEA

직장인밴드 GOLD SEA(이하 GS밴드)는 경상남도 김해시에서 최초로 태어난 직장인밴드입니다. 2008년 1월에 결성돼 역사는 아직 짧지만 김해 최초의 제대로 된 직장인밴드라는 사명감과 자부심으로 똘똘 뭉친 팀이죠. 인터넷 카페 회원 190명, 실제 연습 참가인원 40여 명으로 상당한 규모를 자랑하며 멤버들의 나이도 20대 중반부터 40대 후반까지 아우릅니다. 자영업자, 교사, 공무원, 회사원, 학원운영자, 건축업자, 주부 등 직업군도 다양해 실로 김해의 대표 직장인밴드라 할 만하죠.

두드려라, 열릴 것이니

GS밴드 결성은 김인태 회장의 오랜 꿈과 맞물려 있습니다. 김 회장은 대학 시절 옥타브라는 밴드에서 활동한 '밴드 경력자' 입니다. 담배보다 끊기 어렵다는 음악을, 팔팔한 20대에 이미 경험했던 거죠. 대학밴드에서 활동했던 여느 사람들과 마찬가지로 졸업과 함께 음악에 대한 열정은 가슴 한편에 고이 접어둔 채 생활인으로 살아가고 있었지만 음악은 늘 그와 함께 있었습니다.

그의 마음을 읽기라도 한 듯 옥타브 활동을 함께했던 친구가 직장인밴드를 제안했습니다. '우리 이제 나이도 마흔이 넘었는데, 옛날에 못다 한 음악이나 원 없이 해보자' 라는 결연한 의지로요. 하여 두 친구는 의기투합해 음악할 만한 곳을 물색했습니다. 하지만 당시만 해도 김해 시내에는 직장인밴드가 활성화되어 있지 않았고 당연히 연습실도 구하기 어려웠다네요. 가뭄에 콩 나듯 밴드가 있다 해도 대개 나이 어린 친구들이라 마흔 넘은 아저씨들이 끼어들기 조금 어려운 분위기였고요.

"결국 직장인밴드를 직접 만들기로 결심했습니다. 인터넷에 카페를 만들어 함께할 사람을 모으기 시작했죠. 그런데 아무래도 홍보가 부족했던지 가입하는 사람이 너무 뜸하지 뭡니까. 고민 고민하다가 포털 사이트 카페들을 뒤졌습니다. 김해에서 활동하고 있는 산악회, 친목동호회, 스포츠동호회 등 여러 카페에 가입해 GS를 홍보하기 시작했죠. 내가 올린 홍보 글을 보고 은인이 나타났어요. 어떤 호프집 사장님이 건물 옥상을 연습실로 쓰라고 하시지 뭡니까. 참 다행이었죠."

뜻이 있는 곳에 길이 있다는 옛말이 맞나봅니다. 생판 모르는 은인이 나타나 연습실이 생기더니, 회원들도 하나둘 늘어나기 시작했습니다. 그런데 회원이 많아지면서 또 문제가 생겼어요. 열서너 명이 복닥거리기에 옥탑방 연습실이 너무 좁아진 겁니다. 인원이 꽉 차 어느 날은 비를 맞으며 연습을 하기도 했다네요. 고민 끝에 회원들과 십시일반해 지금의 연습실을 마련했답니다.

GS의 연습실은 어디 내놔도 빠지지 않을 만큼 훌륭합니다. 합주실 세 곳에 사무실, 주방, 가볍게 술 한잔 할 수 있는 바까지 갖췄죠. 합주실 세 곳에는 완벽하게 방음 장치를 하고 합주에 필요한 기본 악기들을 모두 갖췄습니다. 그야말로 GS만의 꿈의 연습실이 생긴 것이죠. 하여 GS 회원들은 오늘도 꿈의 연습실에서 행복하게 음악을 하고 있답니다. 이렇게 연습실이 좋으면 집에 가기 싫어질 것 같지 않아요? 맞습니다. GS 합주실은 평소 많은 사람들로 늘 북적입니다.

팀마다 기본적으로 일주일에 한 번씩 모여 합주를 하고, 공연 일정이 잡히는 팀에게는 연습실 우선권을 준다는군요. 또한 초보 회원들을 위해 일주일에 한 번씩 악기 강습도 열고 있습니다. 회원들이라면 누구

나 자유롭게 연습실을 이용할 수 있다니, 합주실을 구해 늘 떠돌아야 하는 다른 밴드로서는 정말 부러운 이야기이죠. 그렇다면 이 훌륭한 연습실에서 회원들은 어떤 음악을 연주할까요?

록의 열정, 록의 희망

"GS밴드는 록을 기본 음악으로 추구합니다. 회원들이 저마다 록음악을 좋아하고 또 록밴드를 꿈꿔요. 록음악 중에서도 팀별로 좋아하는 다양한 장르를 하고 있는데, 어떤 팀은 하드록을, 어떤 팀은 펑크록을 합니다. 블루스록, 팝록, 헤비메탈을 하는 팀도 있고요. 거의 모든 록음악을 연주한다고 보면 되겠네요."

합주실 세 곳이 꽉 차는 날이면 GS의 연습실은 그야말로 다양한 장르의 록음악으로 후끈 달아오른답니다. GS 회원들의 열정이 얼마나 대단한지는 올해 잡힌 공연 목록만 봐도 짐작할 수 있습니다. 2008년 9월 첫 공연을 시작으로 올해 6월 김해 클레이아크 미술관 공연을 성공적으로 마쳤고 7월에는 김해 예총에서 주관하는 축제에 참가해 역시 좋은 공연을 선보였습니다. 무리하지 않으면서도 천천히 GS만의 호흡으로 뚜벅뚜벅 걷고 있죠.

GS밴드에 대한 멤버들의 자랑을 한번 들어볼까요?

" '사람' 이 모인 곳"(박현주) "열정을 가진 좋은 사람들의 모임"(윤준호) "내가 살아 있음을 느끼게 하는 모임"(원태호) "여름에 시원하고 겨울에 따뜻한 곳"(윤지언) "서로 좋아하게 하는, 서로 싸우게 하는 매개체인 음악을 맘껏 할 수 있는 곳"(이승열) "돈이 최우선이 되고 있는 각박한 현대사회에서 음악을 통해 순수성을 유지할 수 있는 모임"(조찬욱) "괴상하리만큼 다양한 능력(?)을 가진, 그래서 존경스러운 선배 형님들이 수두룩한 곳, 또 그분들과 친형제처럼 지낼 수 있는 곳"(최광순) "누구든 어릴 적 꿈꿔왔던 슈퍼스타가 될 수 있는 곳"(한임철) 등등 자랑은 끝이 없습니다.

　GS밴드 회원들이 생각하는 직장인밴드란 어떤 것일까요? "직장생활이 틀에 박힌 고정된 삶, 삶을 이어가기 위한 어쩔 수 없는 수단이라면 밴드 활동은 틀에 박힌 삶의 윤활유 같은 것, 또다른 내면의 잠재된 삶"이자 "삶을 즐기기 위한 수단으로 직장인밴드만 한 것은 없다고 자신 있게 말할 수 있는" 그 무엇이라는군요. 또한 "무엇을 상상하든 그 이상의 짜릿한 희열을 경험할 수 있는" 놀라운 세계이기도 합니다.

　"시작이 반이라는 속담이 있죠? 지금 시작하십시오. 그럼 이미 반을 이룬 것이니까요. 나머지 반은 밴드 활동하면서 채워가면 됩니다. 여러분 자신 안에 잠재되어 있는 본능을 깨우세요. 본능이 없다고요? 아뇨, 분명히 있을 겁니다. 다만 아직 잠자고 있을 뿐이지요. 우리가 보장할 테니 일단 시작해보세요. 시작하는 순간 반은 성공한 겁니다."

　GS밴드 회원들은 한목소리로 외칩니다. "직장인밴드의 세계로 건너오세요!"라고요. 사막에서 만나는 오아시스이자, 꿈이 실현되는 환상의 무대이자, 열정과 노력을 마음껏 펼쳐 또 하나의 나를 만날 수 있는 통로인 직장인밴드. GS밴드처럼 여러분도 멋들어진 록스타가 되어보고 싶지 않으세요?

어머나 세상에
공연이라니

그렇게 직장인밴드라는 곳에 발을 디딘 지 몇 달 만에 공연이라는 것을 하게 됐습니다. 나의 직장인밴드 데뷔 무대이자 생애 첫 공연이었죠. 연습 좀 하는가 싶었는데, "우리 새 얼굴도 들어왔는데, 공연 함 해야지?" 하더니 그야말로 일사천리더군요. 아저씨들은 이미 두어 번의 공연을 경험한 확신범들이었던 게죠. 나는 그냥 아저씨들이 준비하는 대로 얼떨결에 따랐을 뿐입니다. 〈Highway Star〉를 치게 됐냐고요? 물론이고말고요. 뿐만 아니라 노래도 몇 곡 부르게 됐습니다. 물론 우리 밴드에는 김종서와 임재범이 듣고 '깜놀' 할 만큼 노래를 잘하는 '보컬 아자씨'가 있었습니다. 성이 오씨라 '오보칼'이라 불리는 그분은, 지금도 내가 꼽는 '노래 잘하는 일반인 남자 베스트 5'에 들어갑니다.

처음 그분의 노래를 들었을 때 어안이 벙벙했죠. 배가 사알짝 나와주신 체격이라, 그렇게 카랑카랑하고 거침없는 미성이 나오리라고는 상상도 못 했습니다. '노래를 가지고 논다'라는 말을 비로소 실감할 만한 실력이었습니다. 상황이 이러하니 언감생심 노래는 꿈도 못 꿀 상황이었지만, 밴드 아저씨들이 먼저 판을 띄워주셨습니다. 명목은 '귀하신 메인 보컬 쉴 수 있게 두어 곡 땜빵이나 하라'라는 것이었지만, 노래에 대한 내 마음을 알고 부러 기회를 만들어주신 것이죠. 어찌 마다겠습니까.

공연에서 노래 세 곡을 부르게 됐어요. 그 가운데 하나가 글로리아 게이너의 〈I Will Survive〉. 한국 가수 진주가 부른 〈난 괜찮아〉의 원곡이죠. 내가 무척 좋아하는 영화 〈인 앤 아웃〉에는 배우 케빈 클라인이 바로 이 노래에 맞춰 신나게 춤을 추는 장면이 있습니다. 아무리 기분 울적한 일이 있다가도 이 장면만 보면 비실비실 웃음이 나오다가 나중에는 케빈 클라인처럼 마구 소리 지르며 방방 뛰고 싶을 만큼, 흥과 끼가 대단한 노래입니다. 이거이거 우연인지 운명인지. 공연에서 부르게 되리라고는 꿈도 꾸지 못한 채 그저 영화만 보며 좋아라 했는데, 그런데 들어보셔서 아시겠지만, 이 노래 장난 아니게 빠릅니다. 게다가 장난 아니게 높고요.

다시금 〈Highway Star〉의 악몽이 떠오르더군요. 아, 어찌하여 시련은 이리도 끝이 없는지. 어쩌겠어요. 죽어라 따라불러보는 수밖에는. 밤마다 MP3를 들고 밖으로 나갔습니다. 그때 살았던 동네에는 초등학교가 가까이 있었어요. 공연을 앞두고 몇 달 동안 거의 매일 밤마다 운동장에 나갔습니다. 운동장을 열 바퀴, 스무 바퀴 걸으면서 1시간 동안 〈I Will

Survive〉를 듣는 거죠. 중얼중얼 흥얼흥얼하다보면 더듬거리던 발음이 한결 수월해지고 못 따라가던 박자도 조금씩 잡을 수 있었습니다.

그런데 웬걸요. 다음날 아침에 불러보면 도로 제자리. 자다가 꿈에서도 노래를 흥얼거릴 정도였어요. 지하철을 타거나 일을 할 때도 머릿속에서는 끊임없이 노래가 흘러나오더군요.

공부를 이렇게 했으면 사법고시도 합격했겠다 싶을 정도였어요. 암기력 하나는 자신 있었는데 서른 넘으니 머리가 화석이 됐는지 가사는 또 왜 이렇게 안 외워진단 말입니까. 영어 가사 외우랴, 노래 연습하랴, 본업인 신시사이저 연습하랴, 공연을 앞둔 몇 달 동안은 그야말로 굉장한 '열공' 모드였습니다.

밴드를 시작할 때 나는 회사를 그만두고 프리랜서로 살고 있었습니다. 프리랜서의 삶이란 게 그래요. 먹고 싶을 때 먹고, 자고 싶을 때 자고, 놀고 싶을 때 놀 수 있어서 마냥 편해 보이지만, 생활의 규칙이 없어 하루하루가 엉망진창이 되기 쉽죠. 일할 때 말고는 주로 집에서 뭉그적대는 편이라 점점 더 사회와 멀어지는 느낌도 들고요. 집에만 있으니 사람도 안 만나고 세상 돌아가는 일에도 관심 없어지고, 그렇게 '히키코모리'의 기질이 짙어갈 무렵 밴드를 만난 겁니다. 내게 밴드는 단순한 취미가 아니라 하나의 사회였어요. 꼬박꼬박 제 시간에 가야 하는 공간이 생겼고, 칼같이 지켜야 하는 중요한 시간이 생긴 것이죠. 나 때문에 아저씨들의 귀한 시간을 허투루 보내게 할 수는 없었기에, 함부로 아플 수도 없었지요. 밴드를 통해 간만에 책임 있는 인간의 삶을 살았다고나 할까요. 그 책임과 긴장이 내게는 굉장한 약이 되어주었습니다.

가슴 뛰는 무대, 그 잊지 못할 첫경험

여하튼 드디어 공연 날이 다가왔어요. 아직 늦더위가 가시지 않은 9월의 어느 토요일이었습니다. 인디 음악의 성지인 서울 홍익대학교 근처 지하 공연장. 무대에서 주방까지의 거리가 5미터나 될까 말까 한 작은 공연장이었어요. 누가 공연장 아니랄까봐 지미 헨드릭스, 비비 킹 등 뮤지션들의 사진을 벽에 덕지덕지 붙여놓은 곳이었죠. 일곱 명이 무대에 서니 이미 꽉 차버려, 관객은 필요 없겠더군요. 좀더 넓고 시원한 곳을 두고 굳이 여길 고른 것은 대관료가 다른 곳보다 싸기도 했지만, '손님이 적어도 휑해 보이지는 않겠지' 하는 아저씨들의 속셈이 다분히 작용했을 거라고, 나는 지금도 그리 믿고 있습니다.

공연 시간은 저녁 6시였지만 멤버들은 일찌감치 공연장에 모였습니다. 할 일이 많았거든요. 악기를 제자리에 놓고, 소리를 확인하고, 비디오카메라를 설치하고, 리허설 비스무레하게 하고 난 뒤 아저씨들이랑 김밥을 먹었어요. 밥이 잘 안 넘어갔는데, 아저씨들은 꼭 먹어야 한다고 하시데요. 배고프면 공연 못 한다고. 맞습니다, 맞아요. 꾸역꾸역 김밥을 밀어 넣었습니다. 김밥 속에 든 밥알을 하나둘 셀 수 있을 정도였죠. 말은 안 했지만, 겉으로는 전혀 아닌 척했지만, 나, 몹시, 떨고 있었던 겁니다!

공연 30분쯤 전부터 사람들이 오기 시작했어요. 하나둘 자리를 채우는 사람들을 보니 무섭더군요. 사시 공부하느라 고시원에 박혀 지내던 고향 후배의 모습을 발견하고는(혹시나 해서 연락을 했는데, 진짜로 공연에 와줄 줄이야!) 화장실로 도망갔습니다. "으악" 하고 소리를 질렀어요. 거울 보며 볼을 잡아당기기도 하고 눈꼬리를 추어올리기도 했습니다. 뺨을 찰싹찰싹 때려도 보고요. 배가 아프더군요. 아 이 몹쓸 지병, 신경성 위염. 달리기를 지독히도 못하는 터라 전교생이 무조건 100미터 달리기를 해야 하는 초등학교 운동회 날은 그야말로 죽음의 날이었습니다. 화장실을 들락거리느라 초주검 상태로 뛰어 늘 꼴찌를 했죠. 지금도 잊히지 않는 서러운 기억 중 하나입니다.

'뭘 그리 걱정해? 네가 싫어하는 운동회 날도 아닌데? 100미터 달리기는 저리 집어치워. 네가 진짜로 좋아하는 걸 할 시간이잖아. 무대에서 신시사이저를 치고, 노래를 부를 거라고. 솔직히 말해봐, 너 지금 신나 죽겠지? 사람들이 박수치고 소리 지를 거 생각하니까 미치겠지? 좋아서 돌아버리겠지?' 거울 속의 내가 말했습니다. 쳇, 정곡을 찌르는군. 영악한 것 같으니. 현실의 나는 머쓱해져서 화장실을 나와 무대로 돌아왔습니다. 한국인이 가장 좋아하는 떡밥인 '입장료 없음 / 맥주 제공 / 무대 난입 환영' 세 가지를 모두 내걸었다는 소문 때문일까요, 공연이 시작하기도 전에 이미 준비한 테이블이 꽉 차버렸습니다. 흥행성공이었죠.

드디어 공연이 시작되었고, 1시간 30분 동안 정규 목록 11곡에 앵콜곡 2곡까지 13곡을 연주했습니다. 신시사이저를 치고, 노래를 부르고, 가끔씩 코러스도 넣고, 앉은 채로 춤도 추고, 할 수 있는 짓은 다 했죠. 아저씨들이 관객 수에 집착한 이유를 비로소 알 것 같더군요. 관객은 그림자가 아니었어요. 그들은 우리를 보고 우리는 그들을 보죠. 거울이고 유리였어요. 우리의 모습이 고스란히 비치는 그 거울은, 연주가 좋을 때는 미친 듯 열광했고 연주가 시원찮으면 위태롭게 흔들렸습니다. 관객이 있어야 악기는 더 반짝이고, 손은 더 빨라지고, 힘이 더 난다는 것을 깨달았습니다. 앰프는 전기로 돌아가는 것이 아니라 관객이 뿜어내는 열기로 돌아간다는 것을 말이죠.

마약을 해본 적은 없지만, '이 기분을 두고 뽕 맞았다 그러는구나' 싶은 몽롱한 상태로 공연을 마쳤습니다. 물론 실수연발이었죠. 스틱 형님은 스틱을 객석으로 날렸고, 기타 아저씨는 소절을 까먹어 잠시 멈췄고, 신디 아저씨는 '삑사리'를 냈고, 보컬 아저씨는 가사를 웃음으로 뭉갰어요. 저는 당연히 손가락이 꼬였고요. 하지만 뭐 어떻습니까. 즐거웠는걸요. 재미있어 죽을 뻔했는걸요. 관객은 또 어떻고요. 실수할 때면 발 구르며 좋아하더군요. 그래요, 이 자리에서 고백하건대 직장인밴드가 너무 잘하면 정떨어질까봐 다 치밀한 각본에 따른 실수들…… 아, 얘기하다보니

정말 그리워요. 죽을 것 같아요. 그 무대가, 그 느낌이, 그 몽롱함이, 정말 그리워요.

　공연으로 저는 비로소 직장인밴드의 진짜 멤버가 되었습니다. 아저씨들이, 나 자신이 뿌듯하고 자랑스러웠지요. 구경 온 친구들이 놀랍니다. "기대 이상인데?" (당연하지.) "카리스마 장난 아니네." (내가 원래 한 카리스마 하잖아.) "그 끼를 어떻게 참고 살았냐?" (별로 안 참고 살았는데.) "신나서 내가 다 들썩들썩 하더라." (그럼 그래야지.) "밴드가 이렇게 재밌는 거였구나. 처음 봤어." (고맙지?) "아저씨들 연주 잘하더라." (그럼, 그 양반들이 음악을 얼마나 열심히 하는데.) 이 자리에서 처음으로 고백해요. 아저씨들, 고맙습니다.

밴드를 하니
음악이
달라지네

음악도 '밴드를 하기 전·후'로 나뉩니다. 밴드를 하기 전, 음악은 그냥 듣는 것이었습니다. 들어서 좋으면 그뿐이었죠. 주로 가사에 집중했고, 멜로디가 좋으면 그냥 좋은가보다 했습니다. 그런데 밴드를 하니 음악이 다르게 들리더군요. 보컬의 카랑카랑한 목소리 말고는 별 관심 없던 다른 악기들의 소리를 주의 깊게 듣고 있는 나를 발견할 때의 놀라움이란.

아, 여기는 드럼이 작렬이네. 이 베이스는 정말 착착 감겨주시는걸? 기타 솔로가 너무 현란하지 않아? 나 잘하지, 응? 진짜 잘하지? 하고 들이대는 것 같아 부담스럽네. 뭐 이런 중얼거림을 하게 됐달까요. 순전히 제멋대로의 감상이고 평가이지만, 아무 생각 없이 귀에 꽂히는 대로 음악

을 듣던 것과 달리 악기의 구성과 연주의 흐름을 찬찬히 따라가게 된 것입니다. 그렇게 들으니 모든 음악이 하나하나 예사롭지 않게 들리기 시작했습니다. 예전에 듣던 것보다 더 멋지게 들리더군요. 그야말로 아는 만큼 들린다는 느낌!

또한 같은 음악인데 듣는 것과 직접 연주하는 것 사이에는 하늘과 땅만큼의 차이가 있다는 것을 알았습니다. 그냥 들을 때는 남의 음악이지만, 내가 연주하니 마치 내가 만든 음악 같다는 느낌. 내 손끝에 건반이 있고, 그 건반을 눌러 음악을 만들어내고, 그 음악과 함께 노래가 만들어져서, 우리 공연을 보는 사람들 하나하나의 귀에 감기고 가슴을 두드리는 그 묘한 느낌을 말로는 다 못 할 것 같아요.

밴드를 하던 3년 동안 공연을 세 번 했습니다. 전에 알던 노래도 있었고 공연 덕에 처음 만난 음악도 있었습니다. 오지 오스본의 〈Mr. Crowley〉〈Crazy Train〉〈Hush〉, 마룬파이브의 〈This Love〉, 게리 무어의 〈Still Got the Blues〉, 쇼킹블루의 〈Venus〉, 쿨라셰이커의 〈Hush〉, 퀸의 〈Don't Stop Me Now〉, 강산에의 〈거꾸로 강을 거슬러 오르는 저 힘찬 연어들처럼〉, 자우림의 〈뱀〉, 마야의 〈소녀시대〉, 윤도현밴드의 〈내게 와줘〉, 이선희 〈아름다운 강산〉, 포넌블론즈의 〈What's up〉 등이었습니다.

써놓고 보니 새삼스럽네요. '정말 이 곡들을 우리가 다 연주했단 말입니까?' 랄까. 쉬워서 악보를 단숨에 외워버린 곡이 있는가 하면 너무 어려워서 시험공부하듯 날밤 새가며 연습한 곡들도 있습니다. 뭐가 좋고 뭐가 덜 좋고 할 수가 없게 됐습니다. 이 곡들은 이미 나에게 '특별한 음악'

이 되어버렸으니까요. 내 손으로 연주를 하면 전혀 다른 곡이 되어버립니다. 이것이 바로 밴드가 가진 마력이 아닐까요.

밴드를 하면서 달라진 것 또 하나는, 다른 이들의 음악에 대해 섣불리 비난하지 않으려 노력하게 됐다는 겁니다. 예전에는 '저것도 음악이라고 하고 앉아 있남? 기타를 손으로 치는 겨 발로 치는 겨? 노래를 저 정도밖에 못 해? 쟤는 대체 뭘 믿고 가수를 하겠다고 덤비게 됐담?'이라고 너무도 쉽게 이야기했죠(물론 지금도 이 생각이 변함없이 적용되는 가수들이 많기는 많습니다만).

공연을 본 이들의 반응에서도 알 수 있었습니다. 와달라고 하도 졸라대서, 공짜로 맥주 마시며 생음악을 들을 수 있대서, 할 일도 없고 심심한데 오랜만에 홍대나 한번 나가볼까 싶어서 등등의 이유로 공연에 온 친구들은 공연을 보는 내내 우리만큼 즐거워했습니다. 어쩌면 무대에 선 우리보다 더 즐거웠을지도 모르겠네요. 5, 60명이 꽉 채운 소극장에서는 마주치지 않으려 해도 관객들과 눈이 맞았고, 듣지 않으려 해도 그들의 숨소리가 들렸고, 그들의 반응 하나하나를 금세 알 수 있었습니다. 나와 함께 누군가가 즐거울 수 있는 무대, 바로 음악이 주는 놀라운 선물이었습니다.

아저씨들에게 직장인밴드를 권하오

우리 밴드의 멤버는 나까지 모두 일곱 명이었습니다. 기타 2, 드럼 1, 베이스 1, 보컬 1, 신시사이저 2(두번째 '신디'가 바로 접니다)로 이뤄진 '빅밴드'(라고 우리 스스로 이렇게 불렀죠). 밴드의 기원은 아주 오래전, 까마득한 선사시대로 거슬러 올라갑니다. 나 빼고 여섯 멤버들, 즉 아저씨들은 10여 년 전 같은 회사에서 만난 동료들이었습니다. 앞서 말씀드렸다시피, 아저씨들은 모두 화학공학과를 나온 공대생들입니다.

이건 나중에 알게 된 사실인데, 1970년대와 80년대 화학공학과는 그 시대 최고 엘리트들의 산실이었다네요. 1970년대에는 무조건 공장을 많이 짓는 것이 장땡이라 생각했고, 공장을 지으려면 공장 짓는 기술자들이 많이 필요했기에 대학마다 화학공학과가 생겼답니다. 졸업과 함께 각 기업에서 어서 오세요, 했고 그래서 화학공학과 졸업생들은 취업난이라는 말 자체를 모르고 살았다고들 하더군요. 한국 산업의 중심에서 일한다는 자부심과 사명감으로 똘똘 뭉친 순진한 '범생' 들이었다고 할 수 있겠죠.

각자 대학을 졸업하고 어느 정유회사에서 만난 아저씨들은 저마다 입사한 해도 다르고 일하는 부서도 달라 처음엔 그다지 친하지 않았답니다. 계기는 결국 음악이었지요. 몇 분이서 의기투합해 밴드를 만들어 활동을 시작했는데, 서울 본사와 지방의 공장, 퇴사 등으로 뿔뿔이 흩어져서 눈물로 지새기를 몇 년. 이윽고 서로를 잊지 못해 다시 만나 새로운 직장인밴드를 만들게 되니 가히 산울림, 시나위가 흩어졌다 다시 만난 것만큼이나 감격적인 사건이라 하겠습니다.

몇 년 만에 다시 만난 아저씨들은 많이 변했지만, 여전했습니다. 저마다 일터가 달라졌고 그새 나이를 몇 살 더 먹고, 아이들은 무럭무럭 자라 중학생 고등학생이 되고, 아내들도 함께 천천히 늙어가며 그렇게 건실한 생활인으로 살고 있었습니다. 단 하나, 음악에 대한 풋풋한 사랑만큼은 변하지 않은 채로 말이죠. 그래서! 아저씨들은 어느 날 다시 모였습니다. 지령을 내린 것은 '캐동안' 에 여전히 청년 같은 풋풋함을 간직하신 스틱 형님이었습니다. 팀에서 나이가 제일 많고 또 음악 좋아하는 걸로도 국가대표급인 그분의 '모이~' 한마디에 다들 모였다고 하네요.

마치 정체를 감추고 지구 곳곳에 '짱박혀' 있던 독수리 5형제처럼, 양복에 넥타이 매고 김부장, 이과장으로만 불리던 아저씨들은 보무도 당당하게 악기 들쳐업고 만났습니다. 과도한 업무와 스트레스, 음주 접대로

내장지방은 늘고 머리숱은 줄고 팔근육은 형편없이 약해졌지만, 악기를 드니 무거운 줄도 몰랐겠지요. 기타를 처음 잡았던 20대처럼, 베이스를 처음 배웠던 30대처럼 그렇게 불끈불끈 힘이 솟았겠지요. 그러니 그 좋다는 것들 다 마다하고 연애하듯 지성으로 모였겠지요. 아저씨들은 드럼과, 기타와, 신시사이저와, 베이스와 연애했습니다. 너무도 고생스럽고 정성스러운 그들의 연애를 보노라면 맞아, 모름지기 연애는 저렇게 해야 해, 생각했지요.

밴드에서 가장 고생 많이 한 이는 신디 아저씨였습니다. 그분은 집이 대전이라 연습날이면 늘 기차를 타고 서울로 오셨죠. 아저씨 키만 한 신시사이저를 메고요. 누구보다 일찍 연습실에 도착했고(원래 학교 다닐 때도 집 먼 애들이 일찍 온다잖아요) 누구보다 밴드를 좋아했습니다. 내가 밴드에 들어가게 된 결정적인 계기가 바로 신디 아저씨의 "〈Highway Star〉 한번 해보고 싶다"라는, 눈물 나는 소망 때문이었다고 앞에서 말씀 드렸죠?

베이스 아저씨를 볼 때면 '머리 좋은 데다 노력도 많이 하는' 그런 밉살스런 녀석들이 떠올랐습니다. 사실 베이스 연주를 들어볼 기회는 많지 않기 때문에 연습실에서 처음 베이스 소리를 들었을 때, 심장이 베이스 음을 따라 쿵쿵 뛰는 것이 느껴지더군요. 막귀로 듣기에도 참 연주를 잘한다 싶었어요. 들리는 소문에 따르면 원체 잘하기도 하고 또 그만큼 열심히 하신다고 하네요.

스틱 형님은 뭐 계속 말씀 드렸듯 우리의 정신적인 지주였고(음악, 뒤풀이 모든 면에서요), 기타 아저씨는 제일 먼저 대기업을 뛰쳐나와 자유

로운 삶을 구가한 자유인인 데다 학원은 한 번도 안 다닌 채 죽어라 독학해서 제1기타를 맡을 정도였으니, 참으로 특이한 양반이었죠. 면면이 참 비슷한 데도 없고 취향도 다 다른 아저씨들은 오직 밴드로 모여 밴드 안에서 행복했습니다. 이 아저씨들을 보고 있노라면, '세상 모든 아저씨들이 밴드를 하면 참 좋겠다' 라는 생각이 들곤 했습니다. 그럼 세상은 좀더 평화롭고 아름다워지지 않았을까요.

남자들이 위기라고 합니다. 40대 남성 사망률 1위라고들 하죠. 자살도 많이 하고요. 문제는 밖에서 오는 위기보다 안에서 생기는 위기가 더 크다고도 하죠. 제아무리 아빠 힘내세요, 우리가 있잖아요, 어쩌고 하며 알랑방귀를 뀌고, 남자들 기를 살려줘야 하네 어쩌네 하면 무슨 소용이랍니까. 정작 남자들 스스로 위기를 위기인 줄 모르고 속으로만 곪고 있는데요. 하여, 아저씨들에게 밴드를 권합니다. 다른 먼 데서가 아니고 직장인 밴드에서 노는 아저씨들을 보며 깊이 깨달은 것이니 꼭 새겨들으세요.

남자들은 나이 먹을수록 보수화되고 속은 좁아지고, 더 못돼지고 사회성은 떨어지고, 남의 말 잘 안 듣고 그런 것 같아요. 제일 가까워야 할 가족들에게마저 소외된다고 푸념을 하는데, 이런 아빠들한테 "아이 몇 학년이에요?" 물으면 당황한다죠? "4학년이던가 5학년이던가……" 긁적긁적. 하지만 우리 밴드 아저씨들은 자식들이 어느 학교 몇 학년 몇 반인지는 물론이고 친구는 누구고 꿈은 뭐고 요즘 고민거리는 뭔지 다 꿰고 있더군요. 학교 행사가 있을 때면 월차 내고 가기도 하고, 아이 방에 들어가 찬찬히 살펴보기도 하고요. 신디 아저씨는 언젠가 큰딸의 얘기를 하셨어요. 큰딸이 가수 이승기랑 반드시 첫 키스를 할 거라고 그랬다네요. 그 이야기를 전하는 신디 아저씨 표정이 어찌나 흐뭇하던지요.

밴드 아저씨들이 특별히 자상하고 성격이 좋아서 가족들과 가깝다고는 생각하지 않습니다. 밴드 덕분에 아저씨들도 많이 배웠을 거라 생각해요. 자기 생각만 옳다고 주장하지 않고, 다른 사람과 어울리며 생각을 나누고, 독단과 독선을 버리고 함께 꾸려가는 법을, 바로 밴드가 가르쳐준 거라 생각합니다. 아저씨들에게 밴드는 소중히 가꾸고 아껴야 할 또 하나의 가족이자 작은 사회이니까요.

서른 살 이상의 일하는 남성이라면, 스스로 일중독이라고 생각한다면, 직장생활이 지옥 같다고 느낀다면, 삶의 낙이라곤 하나도 없고 마누라랑 자식새끼가 자기 뜯어먹고 사는 빚쟁이같이 느껴진다면, 밴드를 하세요. 자신이 부하직원들한테 밉살맞은 상사라고 느낀다면, 동료들에게 이기적인 놈이라고 손가락질 받는다면, 맘 같지 않게 세상이 자기에게 적대적이라고 느껴진다면, 한눈 팔지 마시고 밴드를 하세요. 진심으로 권합니다. 밴드가 아저씨들에게 위로가 되고 낙이 되고 보람이 되어줄 거예요. 밴드로 인해 가족과도 친구와도, 사회와도 훨씬 가까워질 수 있을 거라 장담합니다. 조금 더 너그러운 눈으로 세상을 보게 될 거예요. 정말이라니까요. 한번 믿어보세요.

 직장인밴드 인터뷰 no. 3

"잠들지 않는 연주 본능"
대전 직장인밴드
M-Road

시작은 두 명이었습니다. 모든 역사가 그렇듯 작고 소박한 시작이었습니다. 소수의 원대한 꿈이 결국 큰일을 냅니다. 대전 직장인밴드 M-Road의 시작도 그랬죠. 2000년 두 명이 모였을 때만 해도 일이 이렇게 커질 줄은 몰랐습니다. 2003년 여름, 대전 서구 만년동에 지금의 합주실이 생겼고, 네버랜드라는 팀이 활동을 시작하나 싶더니 꼬리를 물고 오버랜드가 생겼습니다. 땅의 지형은 점점 넓어졌고, 꿈도 커졌습니다. 급기야 2005년 M-Road라는 이름의 거대한 통합 밴드가 태어났습니다. 대한민국의 중심, 대전에 말이죠.

막강해라 연주 실력

M-Road밴드의 멤버는 모두 47명입니다. 팀은 9개로 구성되어 있죠. 보통 밴드라고 하면 떠올리는 악기 조합(기타, 베이스, 드럼, 보컬, 신시사이저 등)과는 조금 다른 악기가 M-Road에 있습니다. 전자관악기EWI를 연주하는 1명, 디제잉·색소폰을 같이 하는 1명이 그들이죠. 전자관악기에 색소폰까지 갖춘 직장인밴드라니! 후덜덜하시다고요? 눈치채셨듯이 M-Road는 연주가 생명인 밴드로, 일종의 연주인 연합의 성격을 띱니다.

M-Road와 함께하는 방식은 이렇습니다. 내가 악기를 좀 다룬다 싶으면 오디션을 신청하세요. 오디션에서 합격하면 연주인으로 인정받는 거죠. M-Road에 적을 두고 취향에 따라 자유롭게 팀을 결성하기도 하고 해체하기도 합니다. M-Road라는 이름은 일종의 연방공화국인 셈이죠. 그 안에 여러 음악 도시들이 자치주를 이루고 있고요. 현재 M-Road

공화국의 자치주 명단은 다음과 같습니다.

퓨전재즈를 연주하는 '프로젝트' 팀, 가장 강력한 데스메탈을 지향하는 '고쵸가루' 팀, 브리티시팝과 인디 음악 중심의 '피쉬밴드', 가요, 팝 그리고 록 중심의 이지리스닝 음악을 하는 '아리·이수' 팀, 그루브가 넘치고 펑키한 음악을 중심으로 뭉친 'B2 THE M', 90년대 얼터너티브록을 연주하는 'M.O.S.', 하드록과 헤비메탈의 강렬함에 발라드의 감수성까지 안고 있는 '고고싱'까지. 듣기만 해도 입이 쩍 벌어지지 않나요? 재즈에서 데스메탈까지, 다른 데 갈 것 없이 그냥 M-Road밴드들만 모여 공연을 하면 그야말로 '음악 종합선물세트'가 될 판입니다.

평균 나이 32.5세인 M-Road의 구성원은 고등학교 교사, 시청 공무원, 피아노학원 원장, 유학원 원장, 직장인, 자영업자 등 다양합니다. 대전이라는 지역의 특수성을 생각해보면 대덕 연구단지 연구원, 한국과학기술원(KAIST) 박사 과정 학생들이 여럿 있는 것도 전혀 이상하지 않죠?

M-Road의 자랑은 막강한 연주 실력 말고도 또 있습니다. 권위와 위계를 벗어나 오로지 '음악'을 중심으로 한 끈끈한 공감대죠. "다른 직장인밴드가 갖고 있는 '기수', '상·하 관계' 등에서 오는 멤버간의 이질감을 음악이라는 공감대 하나로 통합한 전국 유일무이한 밴드"라는 자부심이 대단합니다.

음악 속에 길이 있다

"M-Road는 일반 직장인밴드와 다른 구성을 가지고 있습니다. M-Road가 갖고 있는 문화는 조직 문화가 아니라 커뮤니티 문화입니다. 일단 M-

Road에 합류하면 자신의 음악 취향과 같은 사람들을 멤버 안에서 모집해 스스로 팀을 만들어가는 방식이기 때문에 지난 6년 동안 멤버가 탈퇴한 경우는 손에 꼽을 정도입니다. 음악을 즐기기 위해서 밴드를 시작한다면 더욱 '음악 중심적'이어야 한다는 점이 M-Road와 다른 직장인밴드의 차이점이라고 할 수 있죠."

2008년 제2회 SBS 파워 FM 직장인밴드 콘테스트에서 인기상을 받은 것을 보면 M-Road의 인기는 대전을 넘어 전국으로 향하고 있나봅니다. 하지만 현재에 안주하지 않고 더 좋은 연주를 위해 연습과 공연을 쉼없이 합니다. 팀마다 매주 1회 합주를 하고 해마다 7월과 12월 2회에 걸쳐 정기공연을 하죠. 정기공연에는 M-Road의 모든 멤버들이 참여합니다. 7개 팀이 함께 벌이는 공연은 그야말로 음악 공화국 축제가 되겠군요. 아 참, 대전에 있는 'buddy6'이라는 재즈클럽에서 'B2 THE M'이 한 달에 한 번 공연한다는 사실도 빼놓을 수 없겠네요. 꼭 한번 들러보시기를.

"직장인밴드의 매력은 '직업이 아닌 취미로 사람과 음악을 나눌 수 있다'라는 점이라고 생각합니다. 직장생활을 하다보면 인간관계가 점점 좁아지는 것을 느끼게 되죠. 일과 관련된 사람만 만나게 되기 쉬우니까요. 직장인밴드는 사무적인 인간관계의 아쉬움을 해소해줄 수 있는 아주 좋은 계기입니다. 음악이라는 공통의 코드로 만나는 사람들이라서 훨씬 인간적이라는 장점이 있지요. 또한 직장인밴드만이 갖는 가장 큰 매력은 '음악'이라는 공감대로 만난 사람들이 '공연'이라는 결과물까지 만들어낼 수 있다는 것입니다.

밴드 음악의 매력은 비틀즈의 음악처럼 1+1+1+1=4가 아닌,

1+1+1+1= '무한대'로 확장될 수 있습니다. 무한한 가능성이 열려 있죠. 멤버들을 개개인으로 보면 평범한 사람들이지만, 이 평범한 사람들이 모여서 평범하지 않은 무언가를 만들어낼 수 있는 것. 그것이 바로 직장인밴드의 진짜 매력 아닐까요?"

 M-Road 멤버들은 하나같이 입을 모아 말합니다. "밴드는 마약"이라고요. 맞습니다. 마약입니다. 그 어떤 약으로도 금단현상을 고칠 수 없죠. 하지만 이 중독은 해로운 중독이 아니라 달콤하고 행복한 중독입니다. 밴드를 하는 사람뿐 아니라 주위 사람까지 행복하게 만들어주는 마약이죠. "밴드는 배워서 시작하는 것이 아니라 시작하면서 배우는 거"라고, M-Road의 멤버들이 소리 높여 이야기하네요. 오늘도 주저하고 있는 여러분의 심장을 두드리는 멋진 말 아닙니까? 밴드는 배워서 시작하는 것이 아니라 시작하면서 배운다……. 캬, 멋져요. 나도 어디 가서 이 말 꼭 써먹어야겠어요.

MUSIC LIFE

직장인들이여, 밴드를 하세요

스스로 일중독이라고 생각한다면
직장생활이 지옥 같다고 느낀다면
삶의 낙이라곤 하나도 없고
부하직원들한테 밉살맞은 상사라고 느낀다면
동료들에게 이기적인 놈이라고 손가락질 받는다면
맘 같지 않게 세상이 자기에게 적대적이라고 느껴진다면
한눈 팔지 마시고 밴드를 하세요
진심으로 권합니다

직장인밴드, 어떻게 시작할까?

지금 이 순간에도 무대에 오를 그날을 꿈꾸며 악기와 씨름하고 있는 이들이 있습니다. 그들 중 한 사람이 바로 당신 아닐까요? 머뭇거리지 말고 지금 시작하세요. 자, 일단 하기로 마음먹긴 했는데, 어디서부터 시작해야 할지 도통 모르겠다고요? 직장인밴드를 어떻게 만들어야 하는지부터 막막하다고요? 여기 직장인밴드로 가는 몇 가지 길이 있으니 취향에 맞게 선택하세요.

이미 결성돼 있는 직장인밴드에 들어간다

첫 경험이니만큼 경험 많은 선배들과 함께하고 싶거나 해체의 위험이 없는 안정적인 밴드에서 활동하고 싶은 이에게 추천해주고 싶습니다.

눈을 돌리면 어렵지 않게 직장인밴드를 찾을 수 있습니다. 가령 포털사이트 '다음'에 둥지를 틀고 있는 '직장인밴드 FEEL http://cafe.daum.net/70band' 에는 지금 13개의 직장인밴드가 결성돼 있습니다. 결성을 준비 중인 밴드도 여럿이고요. 지역별 직장인밴드연합도 활성화되어 있습니다. 대표적으로 서울직장인밴드 http://cafe.daum.net/seouljobband 나 대전직장인밴드연합 http://cafe.daum.net/foreverband, 30·40대를 아우르는 중후한 직장인밴드들의 공간인 7080직장인밴드 http://cafe.daum.net/feedomsw, 부산직장인밴드연합 THE WHO 부산직장인밴드연합, http://cafe.daum.net/bandpusan 등을 들 수 있겠네요.

결성된 밴드에 들어갈 경우의 장단점은 분명합니다. 장점은 밴드를 비교적 쉽게 시작할 수 있다는 것이겠죠. 어렵게 찾지 않고 바로 활동할 수 있다는 것. 연주와 공연 경험이 많은 선배들 덕에 잘하면 들어가자마자 공연을 경험해볼 수도 있겠죠. 또한 실력 있는 선배들 밑에서 돈 안 들이고 악기를 배울 수도 있겠고요. 팀의 막내로 들어가면 선배들의 예쁨도 받을 수 있겠군요.

단점도 확실합니다. 기존의 멤버들은 이미 함께 활동하면서 이런저런 관계를 쌓아왔기 때문에 서로들 친하게 지내죠. 이제 막 들어간 당신만

빼고요. 유치하게 들리겠지만, 어른들의 세계라고 해서 감정의 텃세가 없으리란 보장은 못 합니다. 뭐든 처음 시작은 어렵게 느껴지는 법이니까요. 서먹서먹해하는 당신에게 따뜻한 손길을 내밀어주지 않을지도 모릅니다. 일하랴, 밴드 하랴 저마다 바쁠 테니까요. 무르익을 시간이 필요합니다. 음악도 감정도 인간관계도. 그러니 사람들이 나를 반겨주지 않는다고, 내 존재가 이 밴드 안에서 별로 중요하지 않은 것 같다고, 사람들이 나를 별로 좋아하지 않는 것 같다고 지레 짐작하고 슬퍼하진 마세요. 섣부른 소외감에 울면서 뛰쳐나가는 일 같은 건, 조금 뒤로 미뤄보자고요.

친구나 동료들과 직장인밴드를 만든다

가장 쉬우면서 또 가장 어려운 길입니다. 낯가림이 심하거나 수줍음이 많은 분들에게 추천합니다. 어울려 노는 오래된 친구나 마음 맞는 직장 동료 서넛만 있으면 일단 저질러볼 수 있습니다. 프로 밴드 가운데도 크라잉넛처럼 마을 동무들끼리 모인 밴드를 여럿 찾아볼 수 있어요. 친구들 가운데 노래 제일 잘하는 이에게 보컬을 맡기고, 나머지는 악기를 하나씩 맡는 거죠. 한 악기를 서로 하겠다고 몰리면 가위바위보나 제비뽑기 등의 방법으로 결정할 수도 있겠네요.

이 직장인밴드의 장단점은 분명합니다. 서로가 서로를 워낙 잘 알기에 낯선 사람들끼리 만났을 때 겪어야 할 과정들을 건너뛸 수 있다는 것이

가장 큰 장점입니다. 탐색, 간 보기, 은근한 신경전 이런 것들 말이죠. 돈독한 우정은 깨지기 쉬운 직장인밴드를 단단히 묶어주는 접착제 역할을 해줄 수 있을 겁니다. 또 서로의 음악 취향을 빤히 알고 있는 덕에 장르를 정하는 일도 어렵지 않습니다. 그렇다면 단점은 뭘까요? 친한 친구들끼리 모인 자리이니만큼 자칫 친목계처럼 흐물흐물해질 수 있고, 분란이 일어났을 때 심한 경우 밴드가 깨지면서 우정도 파투날 수 있다는 것이죠.

하지만 이런저런 불안과 단점을 다 극복하고, 친구들끼리 직장인밴드를 만들어볼 가치는 충분합니다. 동료들끼리라면 더욱더 좋겠죠. 직장 동료들끼리 밴드를 만들어 활동한다면 서로 직장이 갈라지더라도 계속 관계가 이어질 수 있으니 얼마나 좋습니까. 혹시 공연이라도 하게 된다면 못 만났던 옛 직장 동료들이 공연을 빌미로 만날 수 있다는 것은 밴드가 주는 덤이죠.

서울 홍대를 근거지로 활동하는 직장인밴드 백커버를 예로 들 수 있겠네요. 백커버는 출판 편집 디자인을 맡고 있는 회사 동료들로 구성된 밴드입니다. 회사 동료 가운데 하나가 직장인밴드를 시작했는데, 동료들이 공연을 갔더랍니다. 물론 그전에는 밴드 한다고 설쳐대는 그 동료를 그냥 시큰둥하게 볼 뿐이었지요. 그런데 공연을 본 동료들 전부가 그야말로 '뻑' 가버린 겁니다. 동료는 회사에서 보던 그 모습이 아니었어요. 멋지더랍니다. 그래서 그들은 떼로 결심했습니다. 우리도 밴드 만들자!

그들의 관계가 더 돈독해졌음은 물론이고, 회사 사정이 어려워져 문을 닫게 됐을 때는 한 사람도 떨어져나가지 않고 고스란히 그 멤버가 함께 회사를 차렸답니다. 밴드도 같이 회사도 같이. 괜찮은 발상이죠?

밴드 구인사이트에서 직장인밴드 멤버를 찾는다

몇 달 전부터 베이스 기타를 배우기 시작한 직장인 배이수 씨. 베이스는 그에게 꿈의 악기였답니다. 대학생 때 우연히 인터넷으로 처음 본 자코 파스토리우스의 연주를 보고 맛이 간 뒤로 늘 베이스를 배우고 싶었더랬죠. 하지만 군대 다녀오고 취직 공부하며 고달픈 20대를 보내느라 베이스를 배울 엄두도 내지 못했습니다. 마음 속에 베이스 연주실 하나 만들어 두고 생각날 때마다 그 안에 들어가 조용히 상상하곤 했죠. 멋진 베이스 연주자가 된 자신을요.

드디어! 회사원이 된 뒤 큰맘 먹고 베이스를 배우기 시작했습니다. 떨리는 마음으로 악기를 산 뒤 일주일에 한 번씩 학원에 나갔고 틈나는 대로 집에서 연습을 했죠. 그렇게 몇 달 동안 베이스를 치면서 조금씩 갈증이 생겼습니다. '말 타면 경마 잡히고 싶다'고, 연주를 해보고 싶어진 게

죠. 연주라면 역시 밴드. 하지만 주위에 음악하는 친구가 하나도 없었습니다. 그래서 인터넷으로 검색을 해봤죠. '아마추어밴드' '직장인밴드'라는 검색어를 넣자마자 수많은 정보가 뜨지 뭡니까. 배이수 씨는 가장 유명하다고 알려진 음악 사이트에 들어가보았습니다. 그리고 그곳에서 또다른 배이수 씨들을 만날 수 있었습니다.

배이수 씨는 수줍은 마음으로 '직장인밴드 같이해요~'라는 제목의 글을 게시판에 올렸죠. "안녕하세요. 저는 31세 직장인 배이수입니다. 베이스를 배우고 있는데, 밴드를 하고 싶어요. 특별히 좋아하는 음악은 없고요, 장르 상관없이 좋은 곡들을 다 연주해보고 싶습니다. 저처럼 악기 시작한 지 몇 달 안 되는 분들 계시면 함께 모여보지 않으실래요?" 어쩌구 저쩌구. 사는 곳과 전화번호까지 남긴 뒤 배이수 씨는 초조하게 기다렸습니다. 마치 짝사랑하던 여자에게 사귀자고 해놓고서 답을 기다리는 심정 같았어요. 그리고 하나둘 답장이 오기 시작했습니다. 야호.

친구들끼리 모이는 건 동네 사랑방 같아서 싫고, 기존 밴드에 들어가는 건 왠지 체제 순응적으로 느껴지는 당신에게 배이수 씨의 방법을 권합니다. 세상에 태어나서 한 번도 만나지 않았던 사람들이 순수하게 음악 하나만으로 모여 직장인밴드를 시작하는 것, 생각만 해도 신선한 떨림이 느껴지지 않나요? 음악 구인사이트에는 수많은 예비 음악인들이 타는 목마름으로 함께할 식구를 찾고 있습니다. 밴드 구인사이트라고 하면 많은 사람들이 제일 먼저 뮬 http://www.mule.co.kr 을 떠올립니다. 중고 악기부터 악보, 악기 강좌와 개인 레슨, 각종 음악 정보에서 멤버 구인까지 없는 게 없는 곳이거든요. 록 정신을 구현하는 것이야말로 직장인밴드의 숭고한 사명이라고 생각하는 당신이라면 회원 수 22만 명을 자랑하는 최대의 록·메탈 전문 카페 악숭 http://cafe.daum.net/562asp 을 놓치지 마시기를. 하루에도 수십 개의 멤버 구인 글이 올라와 입맛에 맞게 골라보는 재미가 있습니다. 뮬이나 악숭보다 규모는 작지만 나름대로 알찬 악창 http://www.muzicbox.co.kr 의 구인란도 눈여겨보세요.

눈 아프도록 구인란을 들여다봐도 당신 맘에 딱 맞는 멤버들을 찾지 못했다면, 그들이 오게끔 하는 것은 어떨까요? 당신이 추구하는 직장인 밴드의 목표, 당신이 하고픈 음악 장르, 바라는 밴드의 상 등을 꼼꼼히 작성해 게시판에 올리는 겁니다. 이력서 쓸 때보다 더 정성을 기울이게 되는 것은 어찌 보면 당연한 일.

직장인밴드로 가는 과정

자, 이제 대충 방향을 잡으셨나요? 친구들과 팀을 꾸리기로 하셨다고요? 기존 밴드의 오디션을 신청하셨네요? 인터넷에 멤버 모집 글을 올린 뒤 연락을 기다리고 계시는군요. 방법이야 어찌 됐든 직장인밴드로 향하는 과정은 똑같습니다.

1. 악기를 산다.
2. 악기를 배운다(1번과 2번은 바뀔 수 있습니다. 물론 평생 사지 않아도 되는 드럼 같은 악기도 있지요).
3. 열심히 연습한다.
4. 직장인밴드에 들어간다(3, 4번 또한 순서가 바뀔 수 있습니다. 하

지만 덜컥 밴드부터 들어가놓고 연주를 못해 민폐를 끼치면 곤란하겠지요?).
5. 무대에서 공연한다.

　직장인밴드를 하기 위해서 가장 기본이 되는 것이 바로 악기 배우기입니다. 물론 보컬을 하고 싶은 분은 타고난 악기인 목소리를 갖고 있으니 수고가 덜하겠지만, 다른 파트는 악기를 배워야 합니다. 악기를 미리 배워둔 사람이라면 밴드로 향하는 과정에서 훨씬 품이 덜 들겠죠? 자신이 맡고 있는 악기 연주자를 구하는 밴드에 들어갈 수도 있고, 다른 악기를 하는 이들을 모아 밴드를 만들 수도 있고…… 방법은 다양할 겁니다.

　물론 학교 다닐 때 리코더, 실로폰 말고는 칠 줄 아는 악기가 없다거나, 노래방에서 탬버린 두드리는 것 하나만 자신 있다는 이들도 걱정할 것 없습니다. 악기라고 해서 겁부터 먹지 마세요. 배우라고 있는 것이 악기이고, 누구든 배울 수 있는 것이 악기입니다. '다 늙어 악기 배워서 언제 밴드 하랴' 싶겠지만, 서른 넘어서 악기를 시작해 직장인밴드를 잘하고 있는 이들도 많으니까요.

　자 그렇다면 이제부터 악기를 배우러 갈 텐데요, 그러기 전에 일단 내가 어떤 악기를 하고 싶은지부터 찾아봅시다. 밴드의 생명은 역시 현란한 기타 테크닉이지. 무슨 소리? 드럼이 없으면 밴드는 아예 존재할 수가 없다고! 어허, 베이스의 장중한 뒷받침 없이 밴드가 가능할 것 같아? 자자, 싸우지들 마시고요. 어떤 악기가 최고인지 따지는 것은 하나 마나 한

'유치 빤스' 입니다. 어느 것도 중요하지 않은 것 없고 어느 것도 최고 아닌 것 없으니까요.

　자신이 어떤 악기에 끌리는지, 어떤 악기와 궁합이 잘 맞을 것 같은지 고민해보는 것이 중요합니다. 사람의 성격과 악기의 궁합을 맞추는 우스갯소리가 있습니다. 나서기 좋아하고 튀는 거 좋아하는 성격은 기타를 잡는다는군요. 반면에 베이스는 수줍음이 많고 앞에 나서기 꺼리는 이들하고 잘 어울린다고 하고요. 드럼은 배후조종하는 실력자, 리더 역할에 익숙한 사람이 주로 맡는대요. 그러면 우선 밴드에 쓰이는 악기들이 어떤 역할을 하는지부터 알아볼까요?

 직장인밴드 인터뷰 no. 4

"흥과 끼로 똘똘 뭉쳤다!"
전주 직장인밴드
월남뽕

맛, 멋, 소리가 살아 있는 예술의 도시 전주. 투박한 비빔밥 한 그릇이 잃었던 입맛을 당기고 소박한 춤사위 하나에도 흥이 실리는 전주에는 음악으로 행복한 이들이 많습니다. 그 가운데서도 상큼 발랄한 젊음들이 똘똘 뭉쳐 직장인밴드의 새바람을 불어넣고 있는 월남뽕밴드.

마음과 음악이 만나니 얼쑤~

2008년 한옥마을 예술공동제 상설공연 참여, 전주 세계소리축제 UCC 공모 공연, 가락(哥樂)축제 2008 초청공연, 익산 돌문화 프로젝트 공연, 전북 직장인밴드 연합공연 주최와 공연, 클럽 공연 다수. 2009년 예산 매현 록페스티벌 공연, 전주 청소년문화주간 초청공연…….

2006년 10월에 결성해 이제 겨우 3년의 역사를 가진 밴드라고는 믿기지 않을 만큼 월남뽕밴드의 공연 경력은 화려합니다. 다른 직장인밴드들이 1년에 한 번 공연도 성사시킬까 말까 하는 판에 두어 달에 한 번씩 공연이라뇨. 이 사람들 혹시 무늬만 직장인밴드지 속은 프로 아냐? 혹시 나이트나 카바레에서 알바 뛰는 선수들 아니야? 의심스럽다고요? 그도 그럴 것이 월남뽕밴드의 멤버들은 초보가 아닙니다. 만나기 전에 이미 다른 직장인밴드에서 연주를 하던 경험자들이거든요.

"처음 결성 당시 열네 명이 모였는데, 모두 다른 직장인밴드에서 활동하던 사람들이에요. 이렇게 저렇게 음악하면서 친해졌고, 서로 좋아하는 음악이 비슷하고 마음도 잘 맞더군요. 이왕 하는 음악, 마음 맞는 사람들끼리 모이면 더 즐겁게 신나게 할 수 있을 거라는 생각이 들었습니다. 한번 뭉쳐보자! 해서 월남뽕이 태어났습니다."

회장을 맡고 있는 최영길 씨의 말처럼 뭉치고 나니 음악이 더욱 신나고 즐거워졌습니다. 현재 활동하는 정예 2팀(헤비뽕, ARCHE)의 평균 나이는 28세. 젊음의 패기와 열정으로 이들은 음악 앞에 늘 당당합니다. 공통적으로 추구하는 음악은 록음악입니다. 멋진 록밴드답게 훌륭한 밴드의 곡을 카피하기도 하지만 창작도 하고 있습니다. 카피곡으로 즐기는 데서 안주하지 않고 월남뽕만의 색깔이 담긴, 월남뽕만의 록음악을 만들어내기 위해 부지런히 노력하고 있는 것이죠.

"월남뽕밴드의 성격을 이야기하자면 한마디로 유쾌, 상쾌, 통쾌입니다. 늘 활기차게 활동하고 있죠. 다른 직장인밴드보다 회원들이 조금 젊기 때문에 아무래도 그 젊음이 뿜어내는 활기와 에너지가 남다르지 않을까요? 생활에서도 연습에서도 월남뽕의 에너지는 언제나 철철 넘친답니다. 여기에 무대 연출 실력도 굉장하고 연주 실력도 좋아요. 관객과 함께 즐기기 위해 언제나 고민하는 밴드, 바로 월남뽕입니다."

더 큰 나를 만나는 시간, 직장인밴드

공인중개사, 교사, 자영업자, 회사원, 학원 강사 등 회원들의 직업이 다양한 만큼 음악에 다채로운 색깔을 표현하기 위해 노력하고 있습니다. 이들이 얼마만큼 음악을 좋아하고 또 노력하는지는 합주 횟수만 봐도 알 수 있어요. 저마다 시간 맞추기 힘든 직장인들인지라 일주일에 한 번 합주하기도 어려운데, 월남뽕은 무려 두 번이나 합주를 한다지 뭡니까. 일주일에 두 번이나요! 이런 노력들 때문에 그토록 많은 무대에서 월남뽕밴드를 원하는 것이겠지요.

뿐인가요? 멤버들은 바쁜 시간을 쪼개 틈틈이 고등학생밴드 지도도 하고, 보육시설 어린이밴드 지도도 한답니다. 순전히 봉사활동으로요. 참 착한 밴드죠? 직장인밴드를 자기만의 즐거운 취미생활로 남겨두지 않고 누군가를 도울 수 있는 활동으로 승화하는 것, 어렵기 때문에 더욱 좋은 일인 것 같아요. 누구나 어릴 때 한 번쯤은 무대에서 노래 부르는 자신의 모습을 상상한 적이 있을 겁니다. 오죽하면 "텔레비전에 내가 나왔으면 정말 좋겠네, 정말 좋겠네" 이런 노래가 다 있겠어요. 월남뽕 멤버들은 아이들이 가진 이런 마음을 잘 알기에 더 많은 봉사로 음악을 나누고 싶어합니다.

월남뽕밴드에게 음악은 마치 '돈'과 비슷한 거라네요. 공연으로 돈을 버냐고요? 그게 아니라, 돈은 우리가 먹고살기 위해서 꼭 필요한 것이잖아요. 음악도 마찬가지로 세상을 살아가면서 없으면 안 되는 아주 중요한 것이라는 말씀.

"우리는 어릴 때부터 음악과 함께 살아오잖아요. 무대에서 멋진 연주를 하는 꿈은 누구나 한 번씩 다 꿔봤을 겁니다. 굳이 가수를 꿈꾸지 않더라도 자신이 생각하는 음악을 표현하고 싶은 마음은 있겠죠. 그 꿈은 어른이 되었다고 해서 결코 없어지지 않습니다. 오히려 이루지 못한 꿈이기에 날이 갈수록 아쉬움이 더욱 커지지요. 그 꿈을 펼치는 자리에 직장인밴드가 있습니다. 모든 일은 처음이 힘든 겁니다. 용기를 내서 꿈을 펼칠 수 있는 기회를 잡으세요."

내게 맞는 악기찾기

밴드의 심장, 드럼

대한민국 남고생 100명에게 하고 싶은 밴드 포지션을 묻는다면? 아마도 절반 이상이 드럼을 꼽을 겁니다. 그 이유를 물으면 십중팔구 이렇게 얘기하겠지요. "폼 나잖아요!" 밴드에서 자리도 제일 많이 차지하고, 가장 있어 보이는(?) 드럼은 육중한 무게만큼이나 중요한 역할을 담당합니다. 밴드 음악에서 가장 중요하다고 할 수 있는, 곡의 리듬을 담당하고 있기 때문이죠.

소극장에서 밴드 공연을 즐기는 당신이라면, 연주 시작할 때 드럼 연

주자가 스틱을 딱딱 부딪는 것을 보신 적 있을 겁니다. 그거, 관심 끌려고 괜히 그러는 거 아닙니다. 드럼의 신호로 모든 악기들은 '자, 이제 즐거운 음악 시간이야' 라고 생각합니다. 오케스트라로 말하자면 드럼은 지휘자입니다. 드럼이 연주의 처음과 끝을 결정하죠. 드럼은 곡의 메트로놈 역할을 합니다. 메트로놈의 역할은 박자를 이끄는 것이죠.

드럼이 빨라지면 기타와 베이스도 무의식적으로 덩달아 빨라지고, 드럼이 느려지면 노래도 느려집니다. 한마디로 드럼이 중심을 못 잡으면 다른 악기들도 우왕좌왕하게 되죠. 드럼을 따라 움직이니까요. 집으로 치면 대들보, 나무로 보면 뿌리에 해당하는 악기가 바로 드럼입니다. 메트로놈을 켜놓듯 처음부터 끝까지 일관되게 박자를 유지해 곡의 흐름을 흔들림 없이 이끌어가는 것이 드럼의 가장 중요한 역할입니다. 화려한 개인기와 무대매너는 그다음 이야기이지요. 때문에 슬픈 이야기이지만 박치들은 드럼을 치기 힘듭니다.

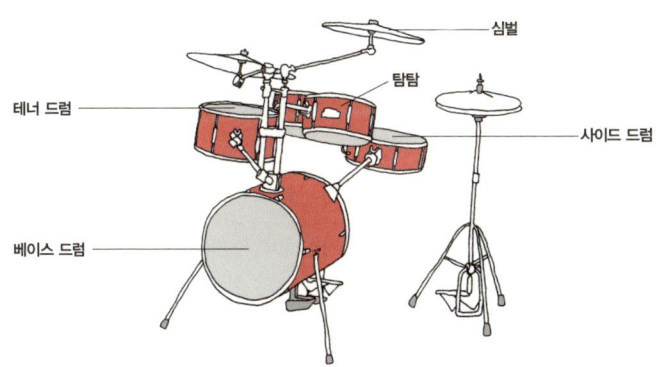

만능 엔터테이너, 베이스

베이스는 베이스 기타를 줄여서 부르는 이름입니다. 기타의 한 종류이지만 이제는 독립적인 현악기로 당당히 존재하죠. 4줄 악기인 베이스는 현악기이자 멜로디 악기이면서 리듬 악기이기도 합니다. 리듬 악기인 드럼과 멜로디 악기인 기타, 보컬을 연결해주는 것이 베이스입니다. 베이스는 드럼과 함께 곡의 리듬을 이끌면서도 드럼이 할 수 없는 부분을 연주합니다. 베이스는 멜로디를 가지고 있기 때문에 똑같은 박자를 치면서도 무수히 많은 다른 음들을 연주할 수 있죠.

현악기라서 때에 따라 두 개 이상의 화음을 내면서 곡의 멋을 살릴 때도 있고 곡에서 기타를 도와 그 곡의 코드 진행도 합니다. 리듬, 화음 둘 다 할 수 있기 때문에 그만큼 매력이 많은 악기죠. 리듬을 받쳐주어 그 곡의 분위기를 만들고 드럼의 딱딱한 음과 멜로디 악기의 부드러운 음을 잘 섞어 가장 좋은 소리를 들려주는 역할을 합니다. 기타가 높은음을 맡는다면 베이스는 낮은음을 맡기 때문에 기타가 낼 수 없는 낮은 소리의 빈 부분을 메워주기도 합니다.

공연을 볼 때, 기타의 현란한 멜로디와 드럼의 쿵쾅거리는 리듬 속에 들릴 듯 말 듯 조용히 깔리는 둥둥둥 소리가 바로 베이스입니다. 바닥에 낮게 깔려 처음에는 귀에 확 꽂히지 않지만 들으면 들을수록 감칠맛이 나는 악기가 바로 베이스라고 합니다. 기타, 드럼, 보컬은 각각의 영역에서

독보적인 존재이기에 눈에 잘 띄지만 베이스는 묵묵히 전체를 관장하는 역할을 하는 터라 관객 눈에 들기 쉽지 않습니다.

하지만! 베이스가 밴드 멤버들에게 끼치는 영향은 실로 어마어마합니다. 드럼도 베이스를 들으며 치고 기타도 베이스와 코드를 맞춰나가게 되며 보컬은 리듬과 코드를 듣기 때문에 베이스가 지대한 영향을 주게 됩니다. 또한 '직장인밴드 업계'에서 가장 희소성 있는 악기가 바로 베이스입니다. 오죽하면 '젊은 여자라면 베이스를 그냥 들고만 있어도 어서 오세요 한다'라는 우스갯소리가 떠돌겠어요. 베이스는 드물고 여성 베이시스트는 더욱더 드물기 때문에 도전해볼 만합니다.

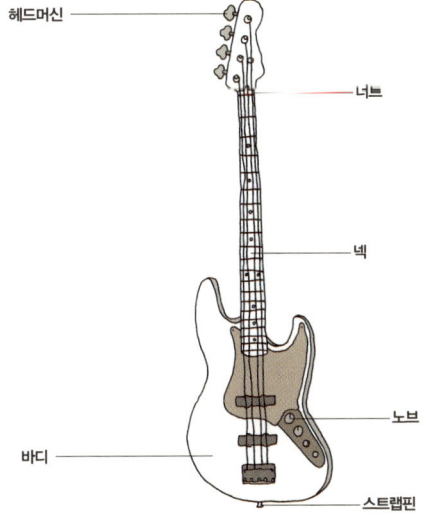

밴드의 로망, 기타

지미 헨드릭스, 잉베이 맘스틴, 리치 블랙모어, 지미 페이지, 에릭 클랩튼, 랜디 로즈…… 여기 나온 이름을 모두 알고 계신다고요? 오, 당신은 기타를 만질 자격이 충분합니다. 기타는 '밴드' 하면 떠오르는 대명사 같은 현악기로, 곡의 멜로디를 맡습니다. 실질적으로 장르를 결정하는 악기가 드럼이라면 그 진행을 맡는 것이 기타의 역할이죠. 6줄 악기인 기타는 노래를 만들어가는 포지션입니다. 음을 만들어내는 역할인 거죠. 기타는 멜로디나 화음을 만들어낼 뿐 아니라 각종 이펙트를 이용해 소리를 변화시키며 그 노래의 분위기를 만들어줍니다. 화려하고 섬세하게 노래에 맛을 더해주죠.

직장인밴드에서 쓰이는 기타는 엄밀히 말해 전기 기타 electric guitar 입니다. 전기 기타와 어쿠스틱 기타 acoustic guitar 의 차이는 한마디로 전기 장치를 쓰느냐 안 쓰느냐에 달려 있죠. 어쿠스틱 기타는 현의 진동이 울림통을 울려 소리를 내는 방식이고, 전기 기타는 현의 진동을 전기 신호로 바꿔(기타에 달린 픽업이라는 장치가 이 역할을 합니다) 이 신호를 앰프로 키운 뒤 스피커를 울려 소리를 내는 방식입니다. 즉 어쿠스틱 기타는 기타 자체만으로 소리가 나지만, 전기 기타는 앰프와 스피커 등등의 여러 장치가 있어야만 제대로 소리를 낼 수 있습니다.

전기 기타는 크게 두 가지 타입으로 나눌 수 있는데, 다양한 음악을

두루 연주할 때 쓰이는 스트랫 타입과 록이나 메탈같이 강한 음악을 연주하는 데 쓰이는 슈퍼 스트랫 타입이 있습니다. 취향에 맞게 고르면 되겠지만 처음 연습할 때는 대개 다양한 음악을 연주하기에 좋은 스트랫 타입으로 고릅니다. 전기 기타는 기타만으로 소리가 나지 않고 많은 장비가 필요합니다. 앰프, 튜너, 이펙터, 피크 등이 있어야 하죠.

대학 새내기가 된 김군, 기타 하나로 수많은 여심을 사로잡았다는 외삼촌의 말을 듣고, 전기 기타 하나만 달랑 메고 엠티에 가는 불상사는 없어야겠습니다. 앰프, 이펙터, 스피커 등이 필요하고 그 장치들을 놓을 장소도 필요하죠. 날렵하고 늘씬해 폼 좀 났던 전기 기타, 알고 보니 군식구 주렁주렁 딸린 귀찮은 녀석이었던 거죠. 군식구는 딸렸어도, 무척이나 멋진 악기인 것은 틀림없어 보입니다. 오죽하면『고독한 기타맨』(허영만)이라는 만화까지 있을까요.

연주자가 가장 차고 넘치는 악기가 기타입니다. 그만큼 쉽게 접할 수 있는 악기여서, 실력 있는 아마추어 선수들도 많습니다. 그렇기 때문에 웬만한 실력으로는 직장인밴드에 들어가기 힘들 수도 있습니다.

기타에 필요한 장비들

앰프: 기타의 소리를 크게 키워주는 장치입니다.

튜너: 기타의 음을 맞출 때 쓰이는 장치입니다.

이펙터: 기타의 음을 변화시켜주는 장치로, 다양한 효과를 내줍니다.

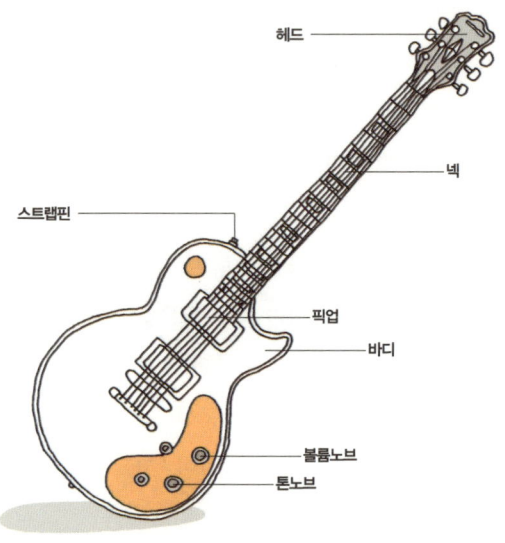

〈앰프〉 〈이펙터〉 〈튜너〉

밴드의 얼굴마담, 보컬

그거 아세요? 음주가무를 즐겨온 민족답게, 아마추어밴드 구인사이트에도 보컬하고 싶다는 지원자가 가장 많다는 사실. 그렇기에 경쟁도 가장 치열하고 웬만해서는 빛을 보기 힘든 것이 바로 보컬입니다. 특히나 여성 보컬의 경쟁이 가장 치열합니다. 그만큼 '노래 좀 한다' 하는 여자들이 많기 때문이겠죠. 노래를 잘하는 것이 보컬의 기본입니다. 또 뭐가 있을까요. 화려한 무대매너? 중요하겠죠. 보컬은 굉장히 오만하면서도 겸손한 파트입니다. 일반 관객들은 밴드에서 보컬에 가장 집중하죠. 맨 앞에 서서 노래를 부르니까요. 그렇기에 오만할 수 있지만 악기로 보자면 가장 겸손한 악기입니다. 다른 파트와의 영향력 면에서 보면 그렇죠.

목소리 또한 악기의 하나입니다. 밴드 파트의 하나로 보자면, 곡의 멜로디를 담당하는 분야입니다. 멜로디에 가사를 붙여서 관객들에게 노래를 전달하는 악기가 바로 보컬입니다. 사람들이 어떤 곡을 들을 때 제일 먼저 들리는 것이 멜로디이기 때문에 보컬의 위치는 두드러집니다. 하지만 밴드 안으로 들어가보면 사정은 조금 다릅니다. 코드와 리듬이 멜로디에 맞춰가는 것이 아니라 리듬과 코드가 기본이 된 상태에서 멜로디가 그 위에 얹히기 때문에 연주할 때 보컬은 다른 멤버들에게 그렇게 큰 영향을 끼치진 않습니다.

드럼이나 베이스, 기타가 없는 상태에서는 연습이 안 되지만 보컬이 없어도 연습이 되는 것은 바로 그 이유 때문입니다. 그럼에도 불구하고, 역시 보컬 없는 밴드는 어딘가 심심하죠. 또한 보컬은 다른 악기 연주자들을 관객과 연결시켜주는 역할도 맡습니다. 좋은 보컬은 노래를 잘할 뿐 아니라 풍성한 표현력과 음악에 대한 이해력으로, 곡을 더욱 아름답게 완성해줍니다.

밴드의 마술사, 신시사이저

밴드에서 쓰이는 건반 악기를 사람들은 흔히 키보드라 부르지만, 엄밀히 말해 신시사이저synthesizer, 흔히들 줄여서 말하는 신디입니다. 키보드랑 신시사이저는 소리를 내는 방식과 기능이 많이 달라요. 키보드는 건반이 적고 악기 자체에 소리를 낼 수 있는 스피커가 달려 있습니다. 장르마다 자동 반주 기능도 있고요. 신시사이저는 키보드와 비슷하지만 악기 자체에 소리를 내는 스피커가 없습니다. 반드시 외부 스피커와 연결해야 소리가 나죠. '합성하다synthesize' 라는 뜻에서 알 수 있듯 여러 음색을 합성해 새로운 소리를 만들어내는 기능이 있습니다.

신시사이저는 멜로디 악기로 반주 역할을 할 뿐만 아니라 솔로 연주

도 가능합니다. 신시사이저의 기능은 찾자면 한없이 많죠. 베이스, 드럼과 함께 어울리기도 하고 밴드에 없는 악기의 음색을 얼마든지 만들어내기도 합니다. 관악기, 스트링 등 신시사이저 하나로 다른 악기 소리들을 무수히 만들어낼 수 있죠. 화음을 넣을 수 있기 때문에 음악을 더욱 풍성하게 표현할 수 있습니다. 또 화려한 테크닉도 자랑할 수 있는 악기이죠.

베이스와 전기 기타 등 단선율의 악기들이 표현하지 못하는 부분을 신시사이저가 표현할 수 있습니다. 사실 신시사이저가 따로 있는 밴드는 그다지 많지 않습니다. 신시사이저 없이도 밴드는 충분히 굴러갈 수 있거든요. 대부분의 유명한 프로 밴드들은 신시사이저 없이도 최고입니다. 있으면 좋고 없어도 별 지장 없는 부분이랄까. 그렇지만 있으면 밴드가 훨씬 풍성해지는 것이 사실입니다.

신시사이저는 무엇보다 밴드 안에서 자신의 역할에 맞는 연주를 찾는 것이 중요합니다. 곡의 분위기와 색채에 따라 스트링을 쓸 것인지 브라스를 넣을 것인지 능등을 잽싸게 파악해야 하죠. 화음을 넣을 수도 있고 기타처럼 멜로디를 잡을 수도 있고요. 이런 역할에 따라 곡마다 할 일이 달라집니다.

일반적으로 밴드에서 신시사이저를 친다는 건 이 신시사이저를 잘 다룬다는 걸 의미합니다(물론 나처럼 신시사이저의 '신' 자도 모르는 채 무턱대고 시작한 사람도 있습니다). 신시사이저는 자기가 음색을 만들어가는 악기이기에 연주와 별도로 '사운드'라는 측면이 매우 중요합니다. 톤이라는 개념도 잘 이해해야 하죠. 앞서도 잠깐 이야기했지만, 피아노를 잘 치는 것과 밴드에서 신시사이저를 친다는 것은 다른 개념의 이야기입니다.

신시사이저의 기본 용어

스트링: 바이올린이나 첼로 등 현악기의 소리를 내는 효과.

브라스: 색소폰이나 트럼펫 등 관악기의 소리를 내는 효과.

미디: 컴퓨터음악 연주 정보를 디지털화하여 주고받을 수 있도록 만든 프로그램.

시퀀싱 모드: 음악을 녹음하고 편집하는 기능.

글로벌 모드: 신시사이저의 전체적인 기능을 총괄한다.

패치 모드: 음원을 고르는 기능.

콤비네이션 모드: 기본적인 음원을 합쳐서 혼합음원을 내는 기능.

이펙트 모드: 음원에 어울리는 효과를 만드는 기능.

에디트 모드: 음원을 편집하는 기능.

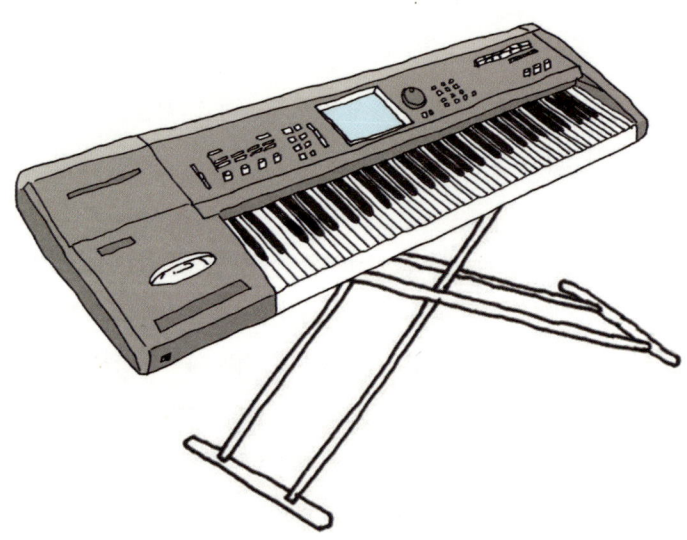

위대한 연주자들

위대한 기타리스트들

지미 헨드릭스

음악 좀 안다는 이들이 가장 골치 아파하는 질문은 이런 거랍니다. '최고의 록밴드는 어디죠?' '최고의 기타리스트는 누구인가요?' 이건 마치 '건담이랑 마징가랑 싸우면 누가 이겨요?'라거나 '호랑이랑 사자 중에 누가 더 힘세요?'만큼이나 유치하고 의미 없는 질문이라고 하더군요. 그러나! 그럼에도 불구하고 사람들은 궁금해합니다. 저도 궁금합니다. 이 책하고 『천재 유교수의 생활』(일본만화) 가운데 어떤 게 더 재밌

을까요? 죄송합니다.

어리석기 짝이 없으면서도 답이 궁금해 미치겠는 질문 '세계 최고의 기타리스트는 누구?'에 가장 많이 1등 먹은 사람은 누구일까요? 네, 짐작하신 바대로 바로 지미 헨드릭스입니다. '기타의 신' '20세기 최고의 기타리스트' 등의 별명을 가진 지미 헨드릭스는 기타의 역사를 새로 썼다고들 하죠. 지미 헨드릭스와 함께 위대한 '3J'로 꼽히는 제프 벡, 지미 페이지도 명예의 전당감입니다. 이들 말고도 위대한 기타리스트는 참 많고도 많더군요.

듀안 올맨, 데이비드 길모어, 랜디 로즈, 리치 블랙모어, 비비 킹, 스티비 레이 본, 스티브 바이, 슬래시, 에디 반 헤일런, 에릭 존슨, 에릭 클랩튼, 앨런 홀즈워스, 잉베이 맘스틴, 조 새트리아니, 척 베리, 카를로스 산타나, 키스 리차드 등이 공통적으로 많이 이야기하는 위대한 기타리스트들입니다.

위대한 드러머들

드러머 부분에서는 독보적인 순위를 매기기가 어려운가봐요. 아무래도 드럼이라는 악기가 혼자서 멋지기 힘든 악기라서일까요. 그래도 가장 많이 거론되는 이

름은 존 본햄이더군요. 전체적으로 밴드를 이끌어가는 장중한 악기이기 때문에 좋은 밴드에는 반드시 좋은 드러머가 있다고 하는군요. 어떤 악기는 안 그렇겠습니까만.

로저 테일러, 데이브 웨클, 마이크 포트노이, 빌 브루포드, 사이먼 필립스, 스콧 트래비스, 스티브 개드, 스티브 스미스, 이언 페이스, 조이 조디슨, 제프 포카로, 지미 콥, 진저 베이커, 카마인 어피스, 코지 파웰, 토미 올드리지, 하비 메이슨 등이 우리 시대에 손꼽히는 위대한 드러머들이래요. 한번 찾아보시기를.

위대한 베이시스트들

자코 파스토리우스

인터넷에서 '세계적인 베이스 연주자'를 검색해보니 가장 먼저 또 가장 많이 나오는 이름이 바로 자코 파스토리우스였습니다. 이 부분은 아마도 논란의 여지가 없는 것 같아요. 자코 파스토리우스는 베이스의 여러 기법을 완성하고, 독자적인 악기로서의 베이스를 수면으로 끌어올린 사람으로 평가받더군요. 빅터 우튼도 그와 비슷하게 거장 대접을 받고 있고요.

기저 버틀러, 로저 글로버, 마이클 플리 발자리, 마커스 밀러, 마크 킹, 빌리 시언, 스탠리 클락, 에이브라함 라보리엘, 존 명, 존 폴 존스, 클라우스 마이네, 클리프 버튼 등이 많은 이들이 꼽는 베이스 연주자들이라고 합니다.

위대한 신시사이저 연주자들

신시사이저를 갖춘 밴드가 적어서일까요? 아무래도 위대한 신시사이저 연주자로 꼽히는 이들도 다른 악기에 비해 적습니다. 멜로디의 분방함과 화려한 기교로 독보적인 신시사이저의 매력을 널리 알린 이들 가운데 이런 이름들이 남아 있더군요.

돈 에어리, 데이비드 브라이언, 레이 만자렉, 릭 웨이크먼, 비탈리 쿠프리, 얀 해머, 앨런 프라이스, 옌스 요한슨, 존 로드, 켄 헨슬리…….

위대한 보컬들

저는 굉장한 팔랑귀에 줏대라고는 손톱만큼도 없는 인간이라 하루에도 마음이 열두 번씩 오락가락합니다. 변덕이 동지 팥죽을 끓이죠. 그게 부끄러운 일이라는 생각도 안 들어요. 어떤 식이냐 하면, 낭랑한 피아노 소리를 들으면 '역시 세상에서 제일 아름다운 소리는 피아노야'라고 생각하죠. 그러다가 흐느끼는 기타 소리를 들으면 '기타 소리야말로 영혼의 떨림이지'라고 생각해요. 장구 소리를 들으면 '으악, 몸이 녹는 것 같아. 죽어버릴 것 같아!' 하며 괴로워합니다. 붕붕대는 브라스밴드 연주를 들으면 '역시 신나기로는 브라스가 우주 최강!' 이러며 좋아합니다.

그럼에도 불구하고, 사람의 목청이야말로 '우주에서 가장 아름다운 악기' 가운데 하나가 아닐까 생각합니다. 우리는 그 증거들을 숱하게 보아 왔지요. 하여 록밴드 사상 위대한 보컬들을 만나는 일은 행복 그 자체입니다. 관객들은 그들의 목소리에, 그들의 흐느낌에, 그들의 몸짓에 열광하죠. 그들의 노래를 듣고 있노라면 우주가 나와 참 가까이 있다는 생각을 하게 됩니다. 세월은 가도 예술은 남고, 몸은 사라져도 그들의 목소리는 이 우주 어딘가에 남아 있을 거라는 생각을 하면 그래도 조금 위안이 되네요.

그래험 보넷, 데이비드 커버데일, 로니 제임스 디오, 롭 핼포드, 로버트 플랜트, 마릴린 맨슨, 마이클 키스케, 세바스찬 바흐, 액슬 로즈, 앨리스 쿠퍼, 오지 오스본, 이언 길런, 제임스 헷필드, 존 본 조비, 커트 코베인, 케빈 듀브로, 프레디 머큐리 등이 세계에서 가장 훌륭한 목소리로 꼽힌다는군요.

좋은 악기 싸게 살 수 없을까?

자, 이제 어떤 악기를 맡을지 정했다면 악기를 사러 가야죠. 돈 들고 악기상으로 바로 가기 전에 새 악기를 살지 중고 악기를 살지 우선 정하고, 또 값은 어느 선에서 할지를 정해야 합니다. 자동차가 경차부터 세단까지 천차만별이듯, 악기도 용돈 조금 모아서 살 수 있는 것부터 눈 튀어나도록 비싼 것까지 아주 다양하니까요. 그렇다면 우선 처음 시작하니만큼 중고악기를 골라볼까요? 인터넷에서 고수들의 의견을 한번 들어봅시다. "저, 초보자용 기타 좀 골라주세요"라고 올리면 고수들의 친절하고도 발 빠른 댓글들이 올라오게 될 겁니다.

악기를 고를 때 유의할 점

1. 인터넷으로는 되도록 사지 않는다

집 밖으로 나가지 않고도 클릭 한 번으로 모든 것이 가능한 세상입니다. 먹는 것, 입는 것부터 심지어 안락한 주거를 위한 생활까지 인터넷쇼핑만으로 생활할 수 있는 시대이지요. 나 또한 돌아다니기 싫어하는 성격인지라 대부분의 쇼핑은 인터넷으로 합니다. 인터넷쇼핑이 어디까지 진화할지 궁금하기도 하죠. 하지만! 인터넷쇼핑에 절대 의존해선 안 되는 품목이 하나 있습니다. 바로 악기입니다.

간혹 초보자들이 '무슨 무슨 사이트에서 굉장히 좋아 보이는 악기를 무지하게 싸게 파는데 그거 그냥 주문해도 될까요?'라고 묻는 경우가 많습니다. 그런 질문에 고수들은 도시락 싸들고 다니며 적극 말리죠. 절대 사진과 나열된 정보만 보고 악기를 사서는 안 된다고 합니다. 악기는 반드시 실물을 보고 한 번이라도 쳐보고 사야 합니다. 인터넷에서 마음에 드는 악기를 골랐다 해도 매장에 가거나 판매자와 직접 만나서 악기를 꼼꼼히 확인한 뒤 산다면 실수가 없겠죠.

2. 악기를 잘 아는 이와 함께 가라

예전에는 초보자 티 팍팍 나는 얼굴로 악기상에 가면 바가지 씌우기 십상이라고 했는데, 요즘에는 인터넷 뒤져보면 웬만큼 가격을 알 수 있기 때문에 터무니없는 바가지는 옛말이라고들 합니다. 시장 조사를 확실히 하고 가면 혼자서도 괜찮은 악기를 살 수 있는 시대인 것이죠. 하지만 한

번도 악기를 사보지 않았다면 아무래도 경험자나 전문가와 가는 것이 좋습니다. 악기 값이 똑같다 해도 상태가 조금씩 다르기 때문에 가장 상태 좋은 악기를 고르는 데 그분들의 눈이 도움이 되니까요.

악기상에 갈 때도, 인터넷으로 직거래를 할 때도 마찬가지입니다. 악기를 잘 골라줄 수 있는 음악학원 선생님이나 악기를 여러 번 바꿔봤고 관심 많은 친구와 같이 가세요. 그분들이 악기를 살펴본 뒤 '상태 좋네, 사도 괜찮겠네'라고 한다면, 100프롭니다! 그들이 악기의 어떤 부분을 체크하는지 주의 깊게 살펴본 뒤 다음에 악기를 사러 혼자 갈 때 써먹어보는 것도 좋겠죠?

3. 싼 게 비지떡은 악기도 마찬가지

세뱃돈과 용돈을 모아 악기를 사려는 기특한 중고생이 있습니다. 1년간 꼬박 모은 돈이 15만 원이라며 악기를 추천해달라는 글을 올렸네요. 전문가들은 정중히, 그러니 진심을 다해 이야기합니다. 웬만하면 지금 사지 마시고 몇 만 원 더 모으세요. 초보자 연습용 악기니까 거기서 거기라고 생각하기 쉬운데, 아무리 연습용이라도 최소한의 기준이란 게 있으니까요. 전기 기타의 경우 아무리 적게 잡아도 20만 원대는 넘어야 악기가 악기다울 수 있다는군요. 괜히 급한 마음에 싼 거 사놓고 제대로 연습도 못 하고 악기 소리에 속상해하는 경우가 생기지 않도록 조심하시길.

4. 중고보다는 새것이 낫다

'아나바다(아껴 쓰고, 나눠 쓰고, 바꿔 쓰고, 다시 쓰기)'가 미덕인 소비 사회이고, 잘 건진 중고는 새것 부럽지 않기도 하지만, 많은 이들이 악기만큼은 새것을 사라고 권합니다. 물론 아주 상태 좋은 중고 악기를 만나는 행운도 많이 찾아옵니다만, 중고 악기의 경우 악기를 아무렇게나 방치해서 상태가 좋지 않은 경우가 있거든요. 특히 습기나 직사광선 등에 악기를 방치해서 기타의 넥이 많이 휘었다거나 하는 등 손써볼 수 없는 상태가 된 중고 악기는 정말 최악의 선택이 될 수 있습니다.

특히 초보자의 경우 악기 상태를 잘 구별하지 못하고 악기 다루는 것이 서투르기 때문에 중고는 더욱더 잘못된 선택일 수 있습니다. 믿을 만한 사이트에서, 또 믿을 만한 사람에게서 확실한 악기를 전달받을 수도 있지만 괜히 돈 얼마 아낀다고 중고를 사서 내내 불안에 떠는 것보다, 새것을 사는 것이 속 편하게 악기에 전념할 수 있는 길입니다. 하지만 그래도, 반드시 신념에 따라 꼭 중고를 사고야 말겠다! 하는 분들이 있다면, 다음 몇 가지를 꼭 확인하셔야 합니다.

그래도 꼭 중고를 사야 할 경우

1. 악기의 상태를 꼼꼼히 확인하라

가령 기타를 산다면 기타 사용 시기, 연주 경력, 음악 장르 등을 꼼꼼히 따져야 합니다. 기타를 살필 때 제일 먼저 살필 것은 넥의 상태입니다. 넥이 얼마나 휘었는지, 흠집은 없는지 살피고, 바디의 상태도 꼼꼼히 보세

요. 헤드나 줄감개에서 나사나 너트 부분이 부서진 곳은 없는지, 볼륨이나 노브의 콘트롤러를 움직였을 때 잘 움직이는지, 앰프에 잭을 꽂아봤을 때 불필요한 소음이 나지 않는지도 꼼꼼히 체크해보세요.

2. 방치된 악기에는 눈길도 주지 말라

간혹 중고 악기 사이트에서 기타와 앰프를 같이 파는 사람이 있는데, 기타를 접으려는 사람일 경우가 많습니다. 계속 기타를 친다면 앰프까지 팔아치우지는 않거든요. 보통 이런 경우 그냥 호기심에 악기를 사서 쳐보다가 되파는 초보자가 많습니다. 그래서 관리가 엉망인 경우도 있죠. 혹시 악기에 대해서도 '사용 흔적 거의 없음' 문구에 혹하는 분들이 있다면 천만에 말씀 만만의 콩떡이라고 말리고 싶네요.

"기타를 산 것은 한 1년 전인데, 사고 나서 다섯 번밖에 사용 안 했어요. 그래서 무지 새거랍니다"라고 자랑하는 판매자가 있다면 더 볼 것도 없이 그 악기는 사면 안 됩니다. 기타는 구두나 가방이 아닙니다. 안 쓰고 곱게 모셔뒀다고 해서 좋은 것이 절대 아니란 말이죠. 바로 어제까지 기타를 만지고 연습하고 손질한 악기여야 합니다. 현악기는 안 쓰고 케이스에 곱게 놔두면 망가진다는 것 잊지 마세요.

3. 되도록 알려진 브랜드를 사라

좋은 기타의 대명사인 깁슨Gibson, 펜더Fender의 경우 중고라 해도 비교적 쓸 만한 상태를 유지하고 있는 경우가 많습니다. 신시사이저도 마찬가지고요. 롤랜드Roland나 코르그Korg, 커즈와일Kurzweil 같은 대표 악기들

은 중고로도 100만 원이 넘습니다. 그만큼 악기가 좋기 때문이지요. 브랜드가 악기 소리를 전적으로 결정하는 것은 아니지만, 역사와 전통이 있는 유명 악기는 그만큼 이름값을 해줍니다. 중고 악기에도 이름값은 마찬가지로 적용되기 때문에 굳이 중고 악기를 사야겠거든 더 많이 알려진 악기를 사는 것이 좋죠. 초보자의 경우 특히 많이 알려지고 많이 권하는 악기를 구하는 것이 안전합니다.

악기를 살 수 있는 사이트

뮬 http://www.mule.co.kr
미디앤사운드 http://www.mnshome.com
스쿨뮤직 http://www.schoolmusic.co.kr
뮤직메카 http://www.musicmeca.com
사운드파파 http://www.soundpapa.co.kr
악기나라 http://www.akkinara.com
AK뮤직 http://www.akmusic.co.kr
월드악기프라자 http://www.piano2000.co.kr
조은악기 http://www.joeunmusic.co.kr
해피뮤직 http://happymusic7.com

직장인밴드 인터뷰 no. 5

"음악, 생각만 해도 좋은 행복"

춘천 직장인밴드 스머프

경치 좋고 공기 좋은 강원도 춘천에 가면 스머프 마을이 하나 있습니다. 스머프 아시죠? 우리 함께 흥얼거려볼까요? "랄랄라 랄랄라 랄라랄랄라" 아마도 만화 역사상 가장 유명한 가락일 테죠. 이 노래를 흥얼거리면 발이 절로 들썩거려집니다. 소풍을 떠나는 파란색 요정 스머프들을 따라 소풍을 가고 싶어지죠. 언제나 즐겁고 행복한 파란색 요정들처럼 춘천 직장인밴드 스머프는 이렇게 즐겁고 유쾌하고 행복한 밴드입니다.

스머프랑 가가멜이랑 얼레리꼴레리

스머프는 학창 시절 함께 음악을 하던 친구들이 모여 2004년 11월에 만들었습니다. 처음에 스머프 한 팀으로 단출하게 출발한 밴드는 공연을 하면서 식구가 점점 늘어 급기야 커다란 마을을 이루게 되었답니다. 스머프, 파파스머프(50대 어르신들), 스머펫(여성들) 심지어 (스머프를 죽 끓여 먹으려 호시탐탐 노리는) 가가멜까지 이 커다란 스머프 마을 안에서 알콩달콩 사이좋게 활동하고 있습니다.

다른 직장인밴드와 달리 다양한 연령대가 함께한다는 것이 스머프의 큰 특징이자 장점이에요. 현재 밴드에 참여하는 22~24명(4팀)의 나이는 20대 초반에서 50대까지 다양합니다. 스머프에서 악기를 배우는 이들까지 합하면 40여 명 정도가 스머프밴드의 식구가 되겠군요. 밴드 활동은 못 하고 있지만 스머프에 관심을 가지며 지켜보는 카페 가입자까지 합하면 스머프 마을 주민은 모두 400여 명 정도입니다.

"스머프의 제일 큰 자랑거리는 세대 간 소통과 세상을 살아가는 식견을 넓혀주는 것이에요. 20대에서 50대에 걸친 인원들이 한자리에 모여 한가지 주제를 가지고 부담 없이 이야기를 나눌 수 있고, 수직적인 형태의 딱딱한 동호회가 아닌 수평적인 (서로를 파트너로서 존중하고 함께 즐길 수 있는) 자유로움이 느껴지는 인간적인 밴드…… 한마디로 사람 사는 냄새가 나는 밴드라는 것이 가장 큰 자랑거리라고 생각합니다."

카페 회장을 맡고 있는 전해진 씨의 자랑처럼 스머프는 음악만 잘하는 밴드가 아니라 사람 냄새 물씬 풍기는 그런 따뜻한 밴드입니다. 스머프 마을답게 관계의 폭이 넓어서 멤버들의 직업도 무척 다양합니다. 디자이너, 음식점 사장 등 다양한 분야의 자영업을 비롯해 영농후계자, 의사, 간호사, 영양사, 회사원 등 수십 가지의 다채로운 직업을 볼 수 있습니다. 조금 과장하자면, 춘천 시내 모든 직업군을 스머프에서 볼 수 있지 않을까요.

추구하는 음악 또한 다양한 나이와 직업만큼이나 다양한데요, 많은 이들이 어우러져 음악을 함께하다보니 특별히 편식하는 음악은 없답니다. 연주하는 사람이 즐겁고 듣는 관객도 함께 즐거울 수 있는 음악이라면, 가요든 팝음악이든 그 어떤 장르라도 마다하지 않는다 하네요. 그렇다면 스머프의 공연 내공은 어느 정도일까요? 만만찮습니다. 자체 정기 공연뿐 아니라 춘천에 있는 다른 직장인밴드들과 함께 '춘천시 직장인 밴드 페스티벌' 이라는 행사를 해마다 열고 있습니다.

"결성 초기만 해도 시에서 열리는 행사나 축제 등 무대만 있는 곳이라면 어디든 참가하고 다른 팀과 함께하는 식으로 공연을 했습니다. 음악 자체가 좋았기 때문에 무대에 설 수 있는 것만으로 큰 의미를 두었죠. 하지만 지금은 스스로 공연을 기획해서 만들어내고 있습니다. 1년에 두

번 정기공연 중 상반기에 여는 '춘천시 직장인밴드 페스티벌'에는 다른 밴드들과 함께 무대를 준비해 시민들과 함께 어울리는 말 그대로 '축제'를 벌인답니다."

호흡하듯 느끼는 음악

춘천시 직장인밴드 페스티벌은 공연 외에도 마술쇼, 벨리댄스, 가요댄스, 대학 동아리 공연 등 그야말로 다채로운 볼거리로 가득 채워져 어느새 춘천 시민들로부터 사랑을 듬뿍 받는 시민 축제로 거듭나고 있습니다. 상반기에 축제로 시민과 만난다면 하반기에는 스머프 정기공연을 열어 갈고닦은 밴드 실력을 뽐내죠. 이때만큼은 스머프, 파파스머프, 스머펫, 가가멜 네 팀이 한 치의 양보 없이 팽팽히 맞선다는군요. 가을 춘천 여행을 계획하고 있다면 스머프 정기공연을 함께 즐겨도 좋을 듯.

　　스머프는 자선공연도 합니다. 많지 않은 수익금이지만 공연을 해서 번 돈을 불우이웃을 돕는 데 쓰고 있죠. 밴드의 이름을 내걸지는 않더라도 개인적으로 기부나 봉사활동을 꾸준히 하고 있는 멤버들도 꽤 있고요. 멤버들의 뜻에 따라 앞으로도 자선공연 같은 좋은 일에 적극 나설 예정이랍니다. '좋은 사람들이 함께 모여 만들어가는 스머프'라는 뜻에 딱 맞아떨어지죠?

　　스머프밴드에게 음악이란 무엇일까 궁금했는데, '생활'이란 대답이 돌아왔어요. 이들에게 음악은 특별한 그 무엇이 아닙니다. 큰맘 먹어야 할 수 있는 어려운 일도 아니고 두고두고 장기 계획을 세워야 이룰 수 있는 거창한 계획도 아니라는군요. 스머프에게 음악이란 먹고 자고 숨

쉬는 하루 일과와 같습니다. 주저와 망설임을 딛고 과감히 시작해 직장인밴드의 즐거움을 알아버린 지금, 음악은 이들의 친구이자 삶입니다. 여러분도, 그 삶에 한 발 걸쳐보고 싶지 않으세요?

"직장인밴드의 매력이요? 수없이 많겠지만 그중 하나만 딱 얘기하라고 한다면 '나의 즐거움이 남들에게도 즐거움이 될 수 있다' 라는 사실입니다. 강렬한 음악 소리에 자기도 모르게 가슴이 뛰는 분, 공연장 객석에 앉아 있을 때 무대 위에 선 밴드를 보며 가슴속 어딘가 천천히 끓어오르는 분이라면 지금 당장 뛰어드세요. 당신은 다른 이들의 가슴을 쿵쿵 뛰게 만들 수도 있고, 누군가의 숨은 열정을 마그마처럼 끓어오르게 할 수도 있습니다. 당신은 그런 힘을 갖고 있으니까요. 꿈꾸는 만큼 열정을 가지시면 그 꿈을 이룰 수 있습니다. 꿈, 열정 이런 말들이 너무 흔해 지겹다고요? 아뇨. 절대로 틀린 말이 아닙니다. 사실이니까요. 우리들이 보증할 수 있습니다. 여러분의 열정을 숨기지 말고 마음껏 표출하십시오. 그렇다면 길이 열릴 것이고 함께할 수 있는 파트너를 만날 수 있을 겁니다. 이 글을 읽고 있는 당신! 가슴속에 꽁꽁 싸매놓은 그 꿈을 드러내세요. 천하에 알리세요! 그 순간부터 이미 그 꿈은 당신 가까이에 와 있답니다."

악기, 어떻게 배우고 익힐까?

태어날 때부터 악기를 잡은 사람은 없습니다. 지미 헨드릭스에게도 에디 루이스에게도 존 본햄에게도 처음은 있었을 겁니다. 기타, 건반, 드럼과 생애 처음으로 맞닥뜨렸던 순간 말이죠. 타고난 재능도 재능이겠지만 연습, 또 연습이 그들을 만들어낸 것입니다. 직장인밴드에 들어가서 활동하려면 최소한 멤버들과 함께 합주할 수 있을 정도의 실력은 되어야겠죠? 악기를 배울 수 있는 방법은 여러 가지가 있습니다. 혼자 배우거나 학원에서 배우거나 인터넷 동호회에서 배울 수도 있겠죠.

뭐니 뭐니 해도 전문가의 손길

학원에서 기초 익히기: 많은 이들이 학원에서 악기를 배웁니다. 가장 쉽고 또 편한 방법일 수 있습니다. 좋은 학원을 찾아가서 열심히 배우면 되니까요. 생초보의 두려움을 날려줄 수 있는 학원의 장점은, 탄탄한 기초를 익힐 수 있다는 것이겠죠. 독학이 영 자신 없는 분들, 낯선 사람들과 인터넷 카페 같은 데서 배우기 꺼리는 분들, 빠르면서도 무난한 교습방법을 원하는 분들에게 추천합니다.

일주일에 1, 2시간 학원에서 배우는 정도지만, 이 짧은 시간에도 기본기를 탄탄히 갖출 수 있습니다. 사람에 따라 차이는 있겠지만(지독한 박치나 음치라면 조금 더 걸리겠지만) 대체로 학원에서 두세 달 정도 배우면 밴드를 시작할 수 있다고 하는군요. 하지만 명심하세요. 학원에서 배우더라도 개인 연습이 꼭 필요하다는 것을.

서울의 경우 인디밴드가 주로 활동하는 홍대 근처와 신촌 일대에 음악학원들이 몰려 있습니다. 단! 입시와 상관없는 학원이어야 합니다. 여기저기 있는 실용음악학원은 대개 입시 장사를 하기 때문에 가르치는 것도 그쪽에 맞춰져 있다고 하네요. 입시와 상관없이 취미로 음악을 즐기고 가르칠 수 있는 학원이어야, 배우는 것도 즐거울 수 있다고 경험자들은 조언합니다. 초보자들만 학원을 다니는 것은 아니에요. 실제로 직장인밴드를 하고 있고, 꽤 괜찮은 실력을 가진 이들도 여전히 학원을 다니는 경우가 많습니다. 악기 배우기에는 끝이 없으니까요. 학원이 줄 수 있는 부분은 명확합니다. 배운 것을 다지고 키울 수 있는 것은 결국 연습입니다.

자력갱생만이 살길이다

나는야 독학파, 혼자 배우기: 혼자 배우는 것도 나쁘지 않습니다. 내가 활동하던 직장인밴드의 1번 기타는 순전한 독학파입니다. 거의 20년 동안 혼자서 기타를 쳐왔죠. 그럼에도 실력이 상당합니다. 혼자 한다고 농땡이 부리지 않고, 죽어라 열심히 하기 때문입니다. 이 양반은 일하고 술 먹는 시간 외에는 집에서 늘 기타 연습을 한다는군요. 자기 연주 솜씨에 절로 흥이 나는 바람에 소리를 키워놓고 연습하다 동네에서 쫓겨날 뻔한 적도 여러 번 있었대요. 한밤중 조용한 주택가에 울리는 전기 기타 소리라니, 자는 아기 경기할 만한 소리가 아니겠습니까.

공부도 혼자 하는 게 가장 어렵다고 하죠. 악기 연습도 마찬가지입니다. 형편없는 실력을 들킬 일 없으니 남부끄럽지 않고, 시간에 구애받지 않고 자유롭게 할 수 있을 것 같지만 바로 그 이유 때문에 연습에 소홀해지기 쉽습니다. 오늘은 바쁘니 내일 하지 뭐, 몸 상태가 썩 좋지 않으니 다음에 하지 뭐, 하면서 차일피일 미루다보면 절대 늘지 않는 것이 바로 악기입니다. 몸으로 익힌 것은 설대 잊어버리지 않는다고 하죠. 어릴 때 배운 자전거, 수영을 세월이 한참 흐른 뒤 나이 먹어서도 할 수 있는 건 몸에 저장된 그 기억 때문입니다.

하지만! 악기는 달라요. 악기는 시간이 갈수록 더 어렵고 정밀한 훈련이 필요한 장르이기 때문에 어릴 때 잠깐 배웠다고 커서까지 가능하지는 않습니다. 그러니 잊어버리지 않도록 계속 연습해야 하죠. 일단 좋다는 교재를 한 권 준비해서 시험공부하는 기분으로 열심히 책을 파세요. 혼자

하는 것이니만큼 기본이 더욱 중요합니다. 교본에 나오는 대로 정확하게 처음부터 익혀나가고 속단해서 마구 내달리지 말아야겠죠.

친목과 배움까지 일석이조

　　동호회나 카페에서 배우기: 혼자 배우기는 아무래도 영 자신 없고, 학원을 다니자니 시간도 없고 돈도 없는 분들을 위해, 여기 다양한 해답이 있습니다. 바로 악기 배우기 인터넷 동호회! 알뜰하게 또 지루하지 않게 배울 수 있습니다. 강호에는 학원 못지않게 숨은 고수들이 많죠. 심지어 이 고수들은 마음씨까지 착한 경우가 많아서 자기가 힘들여 배운 것을 기꺼이 가르쳐주고 싶어합니다.

　　괜찮은 동호회를 골라 가입하세요. 하지만 이런 카페들은 원하는 사람들이 많기 때문에 가입 절차가 꽤 까다롭습니다. 가입한다고 바로 회원이 되는 것은 아니고, 짧게는 2, 3일에서 길게는 일주일 이상 가입 승인을 기다려야 하는 경우도 있죠. 뭘 그리 까다롭게 구느냐고요? 생각해보세요. 고수들이 힘들게 익힌 지식을 나눠주는 공간인데, 얌체같이 자기 필요한 것만 골라 쏙 배우고는 빠져버린다면 얼마나 얄밉겠어요?

　　카페와 동호회 가입은 자유지만 그만큼 책임도 따릅니다. 욕심 사납게 질문만 마구 던지거나 시도 때도 없이 문제 해결해달라고 징징대서는 안 되겠죠. 만약 동호회에서 레슨을 받기로 했다면 약속을 칼같이 지키는

것도 매우 중요해요. 설마 동호회에서 한 약속이라고, 돈 받는 것 아니라고 쉽게 생각하는 분은 없겠죠? 직장인밴드도 엄연한 사회생활이라는 것을 잊지 말아야겠습니다.

악기배우기 인터넷 동호회

두루두루

악기 교습 락카페 http://cafe.naver.com/stevesop
신쿄 S.B.I Instrument http://cafe.naver.com/jsmusic
종합음악카페 http://cafe.naver.com/musicppr
스쿨오브락 http://cafe.naver.com/jslmusic
Lesson to Band http://cafe.naver.com/theguitaranddru
Selah Cafe http://cafe.naver.com/selahstudio
Finger Music http://cafe.naver.com/fingermusic

기타

I Love E.G Cistus http://cafe.naver.com/dfrx
올댓기타 http://cafe.naver.com/222
신인근 기타음악원 http://cafe.naver.com/guitarschool

드럼

드럼 배우기 전문 도약닷컴 http://www.doyac.com
드럼빌 http://cafe.naver.com/drumville
대전 스쿨드럼 http://cafe.naver.com/schooldrum
드럼하우스 http://cafe.naver.com/drumin
필드럼 http://www.filldrum.com

베이스

베이스코리아 http://cafe.naver.com/basskorea
베이스 아카데미 http://cafe.naver.com/hwanilbass
베이스자리 http://cafe.naver.com/bettybass
울트라 강의 Ridin' bass http://cafe.naver.com/ridinbass

음악학원 & 교습 사이트

뮤직스쿨 타 http://www.musicschoolta.com
삼익뮤직스쿨 http://www.isims.co.kr
맥 드럼교실 http://cafe.naver.com/makcher
뮤즈아카데미아 http://cafe.naver.com/museac
뮤직필드 http://new.musicfield.co.kr

서른 넘은 직장인들, 악기와 사랑에 빠지다

기타 연주자, 직장인밴드 마니아 김면중
"기타로 삶이 달라졌습니다. 행복하냐고요? 물론이죠!"

    영화 〈즐거운 인생〉을 보면 주인공들의 삶이 밴드 때문에 확 달라집니다. 가족에게 바보 같은 외사랑을 쏟아붓던 남자도, 몇 년째 실업상태로 아내에게 무시당하던 남자도, 잘난 아들 과외비 벌려고 죽자고 뛰어다니던 남자도 인생이 달라지죠. 밴드 덕분에요. 영화 속에서 아저씨들은 저마다 찌질했던 과거를 벗고 눈부시게 날아오릅니다. 그 무대는 비록 허름한 조개구잇집이지만, 그들은 행복해 보입니다.
    '에이, 저건 영화잖아. 영화니까 가능하지 실제로 저러기가 어디 쉽나? 꿈은 꿈일 뿐이야. 꿈으로 인생이 바뀌는 건 현실에는 없는 얘기라

고' 라고라고라고요? 아닙니다. 있습니다. 내 눈으로 똑똑히 봤습니다. '직장인밴드로 삶이 달라진' 그 사람을요. 누구냐고요? 대보라고요? 바로 이 사람, 김면중 씨(32)입니다.

음악학원에서 만난 학생들끼리 모인 직장인밴드 '여명 808'의 리더 겸 기타리스트이자 출판, 디자인 밥 먹는 편집자들의 직장인밴드 '백커버'의 리더 겸 기타리스트. 누가 보면 '이 사람, 직장인밴드 브로커 아니야?' 할 정도로 직장인밴드 만들기가 취미인 사람. 게다가 얼마 전에는 실제로 인디밴드에서 활동하는 뮤지션들과 밴드 한 팀을 더 만들었다는군요. 아이구야, 늦게 배운 도둑질이 어쩐다더니, 정말 못 말리는 밴드 사랑 아닙니까?

김면중 씨의 밴드 역사는 웬만한 영화나 드라마만큼 극적입니다. 김면중 씨가 처음 직장인밴드를 접한 건 1년 전. 기자와 취재 대상과의 만남이었습니다. 경제일간지 문화부 기자였던 김씨, 직장인밴드 기사를 준비하며 여러 직장인밴드들을 취새하다가 그만 그 세계에 푹, 빠져버린 것이죠. 추진력과 행동력 하나 끝내주는 그는 당장 기타를 배우고 밴드를 만들어 활동하기 시작했습니다. 주저하지 않았죠. 그가 음악에 쏟는 사랑이 어느 정도였느냐면, 밴드를 위해 직장을 옮기기까지 했습니다. 그가 몸담고 있던 신문사는 회사 분위기가 보수적이고 딱딱했던 터라 기타 친다는 말도 꺼내지 못했거든요.

"20대 때부터 음악을 좋아했어요. 대학 다닐 때는 학교밴드 공연 다 찾아다니고 좋다고 소문난 인디밴드 공연도 빠짐없이 쫓아다녔죠. 누가 이 음악 좋다, 그러면 무조건 찾아 들었어요. 왜 그때 음악 안 했냐고요?

Photo by 정수임

좋아하기는 했지만, 내가 음악을 할 수도 있다는 생각은 감히 못 했습니다. 어려워 보였고, 나와는 다른 세계라 생각했으니까요. 그렇게 묻어두었다가 서른 넘어 시작했는데, 이건 뭐 이젠 다른 것 다 필요 없어요. 밴드에 완전히 필이 꽂혀버린 거죠."

필이 꽂혀도 너무 꽂혀서, 김면중 씨는 연애도 못 한답니다. 소개팅을 몇 번 했는데, 밴드에서 기타 친다니까 여자들이 전부 절레절레하더래요. 그도 그럴 것이, 주말엔 무조건 합주에, 틈만 나면 기타 연습이니 여자들이 괜히 그랬겠습니까. 직장인밴드를 같이 하거나 해본 가락이 있는 여자라면 그 맛을 좀 알련만. 사실 직장까지 옮길 정도로 취미를 사랑하는 남자, 나름 매력 있지 않나요? 아니라고요? 이런 이런.

김면중 씨는 직장인밴드를 질병으로 분류합니다. '바이러스'라는군요. 이게 또 전염성이 엄청 강해서 금세 퍼져버립니다. 김면중 씨야말로 '직장인밴드 바이러스'의 강한 숙주입니다. 주위 친구들을 벌써 여럿 감염시켰으니까요. 유유상종이라고, 그의 친구들도 록밴드에 대한 열망들이 많다는군요. 아직도 멀었답니다. 누굴 또 감염시킬까 눈을 번득이고 있으니 주윗분들 조심하셔야겠어요. 그 이유란 게 오직 "이 기쁨과 즐거움을 더 많은 사람들과 함께 느끼고 싶어서"라니, 거참 말릴 수도 없네요.

기타는 많은 사람들이 배우고 싶어하고 한번쯤 연주해보고 싶어하는 악기입니다. 다루는 사람도 많고 그만큼 밴드에서 자리다툼도 심하지요. 다른 악기보다 쉬울 것 같아 생각 없이 달려들었다가 포기하는 경우도 많은데요, 김면중 씨가 생각하는 악기 배우기는 외국어 배우기와 비슷하다는군요.

"왕도가 없어요. 외국어랑 똑같습니다. 우리가 영어 배울 때 어땠죠? 닥치는 대로 좋아하는 팝송 듣고 영화 보면서 공부했잖아요. 음악도 마찬가지예요. 우선 이론부터 완벽하게 마스터한다고요? 아닙니다. 일단 많이 들어보고 많이 연주해보고 많이 즐겨야 해요. 그게 시작입니다. 그렇게 음악을 귀와 몸으로 익히고 밀착해야 해요. 매일 10분씩 1, 2년을 공부하다보면 자기도 모르게 외국어를 구사하게 되잖아요. 단어도 하나씩 늘어나게 되고요. 악기도 그래요. 일단 잡으세요. 그리고 치세요."

아이고 백번 지당하신 말씀. 김면중 씨는 밴드를 하고 있는 지금도 공연을 자주 보러 다닙니다. 특히 홍대 근처 인디밴드에 아주 관심이 많죠. 어려운 상황에서도 묵묵히 음악을 다져가는 그들의 자세에서 많은 것을 배웁니다. 참신함, 진정성, 솔직함, 그리고 동시대를 아우르는 정서들을 인디밴드에서, 또 직장인밴드에서 느낍니다. 그가 직장인밴드를 좋아하는 이유는 바로 그런 순수함과 솔직함 때문이지요.

"음악이 엄청난 실력과 테크닉만으로 이루어지는 것은 아닙니다. 우리가 어설픈 직장인밴드의 공연을 보면서도 즐겁고 행복할 수 있는 것은 그들에게서 마음을 보기 때문이겠죠. 여러분이 갖고 있는 그 마음을, 이제 꺼내놓으세요. 음악이 갖는 진정성을 저는 믿습니다."

베이스 연주자, 김보람

"제대로 놀고 싶으세요? 진짜로? 그럼 밴드 하세요."

수줍음 많고 말수 적은 성품이지만 무대에서는 막강한 포스를 내뿜는 베이시스트 김보람 씨(31). 편집기획사에서 에디터로 일하고 있는 김 씨는 현재 푼크툼이라는 직장인밴드에서 베이스를 치고 있습니다. 2008년 12월에 결성된 푼크툼밴드는 2009년 2월에 첫 공연을 했고 현재 다음 공연을 준비하고 있다는군요. 김보람 씨가 베이스를 배우기 시작한 것은 2008년 밴드를 결성하면서부터입니다.

베이스가 그의 생애 첫 악기인 것은 아니에요. 오래전에 기타를 배웠고 연주도 가능한 실력이었답니다. 그런데 밴드에 베이스 자리가 비어 있어 그가 맡게 되었다는군요. 서른 넘어 베이스를 새로 배우게 된 거죠. 그렇다면 김보람 씨는 많은 이들이 부러워하는, '기타도 베이스도 짱 잘 다루는 신천후' 연주자? 부럽습니다. 정말로. 자의 반 타의 반 시작한 것이긴 하지만, 그는 요즘 베이스의 무궁무진한 매력에 푹 빠져 있답니다.

"베이스는 기타에 비해 길쭉한 넥을 갖고 있어 비례가 훨씬 아름답다고 생각합니다. 악기 모양뿐 아니라 베이스의 성격도 참 마음에 들어요. 무대에서 드러내놓고 스포트라이트를 받는 포지션은 아니지만 연주의 리듬과 입체감을 살려주는 데 결정적인 역할을 하죠. 또한 기타나 드럼에 비해 쫓기지 않고 느긋하게 리듬을 타고 노는 재미가 있는 악기예요. 하면 할수록 베이스의 매력에 새록새록 빠져들고 있습니다."

김보람 씨는 지금도 일주일에 한 번씩 학원에서 베이스 레슨을 받고 있습니다. 이미 충분히 연주가 가능한 실력이지만 스스로는 아직도 배워야 할 것이 많다고 느끼기 때문이죠. 이런, 욕심쟁이, 우후훗. 직장인밴드를 시작하면서 김보람 씨의 삶은 많이 달라졌습니다. 직장생활을 시작하면서는 늘 쫓기는 마음이었죠. 생활인으로 일에 쫓기며 살았는데, 밴드를 하면서 잠시 잊고 있던 '노는 재미'를 되찾았다니 이 얼마나 행복한 일인가요. 직장인밴드는 그에게 삶의 행복과 기쁨을 함께 주고 있습니다.

"2월 공연을 준비하면서 팀원들과 늘 만나 연습하고, 음악에 대해 이야기하는 순간들이 무척 행복했습니다. 유희가 삶의 중심이 된 것은 학창 시절 이후 처음이라는 생각이 들었어요. 순수하게 즐길 수 있는 자리가 생긴 거죠. 직장인밴드를 시작하니까 음악 또한 달라지더군요. 평소에도 음악을 즐겨 듣는 편인데, 내가 직접 그 음악의 한 부분이 되고 나서부터는 듣는 재미가 더 커졌습니다. 주변의 모든 소음에 귀를 기울이고 리듬을 부여하고 혼자 음을 만들어 콧노래를 흥얼거리게 됐어요."

김보람 씨는 많은 이들이 이런 기쁨과 즐거움을 누리기를 바랍니다. "직장인밴드는 악기 배우는 보람과 음악을 새롭게 느끼는 즐거움을 동시에 줄 수 있는" 아주 좋은 기회라고 강조하는 까닭이지요.

"생각만 하면 아무것도 이루어지지 않잖아요. 한번 저질러보세요. 악기 배우는 일이 결코 쉽지는 않겠지만, 특히 나이 먹고 무엇을 배운다는 게 힘들 수밖에 없지만, 과정을 하나하나 넘다보면 언젠가 무한한 기쁨으로 찾아오니까요. 그런 기쁨을 저 혼자만 누리기 너무 아까워요."

베이스를 배워보고 싶지만 나이가 많아서, 음감이 없어서, 어려울 것 같아서라고 생각하는 이들에게 김보람 씨는 이런 조언을 하네요. 음악이

Photo by 정수임

란 인간이 원래 갖고 있는 위대한 재능 중에 하나이므로 누구나 할 수 있다고요. 아, 정말 멋진 말 아닙니까? 그러므로 아직까지 자신의 재능을 미처 발견하지 못한 분들, 더 늦기 전에 찾으세요.

초보 드럼 연주자, 정경섭
"마음을 조각조각 나눈 그 자리에 리듬이 찾아옵니다."

아마도 대한민국에서 제일 바쁜 사람 가운데 한 사람일 정경섭 씨(38). 노동, 환경, 철거 등 우리 사회의 굵직한 이슈가 있는 곳마다 찾아가 소외된 이웃들과 함께하느라 정작 자신의 삶은 돌볼 겨를이 없는 그가, 일주일에 한 번씩 반드시 하는 일이 있다지요. 바로 드럼을 배우는 일입니다. 몇 달 전 같은 지역의 당원들과 직장인밴드를 꾸린 그의 꿈은 언젠가 주민들 앞에서 근사한 공연을 하는 것. 끼니 챙기기도 바쁜 그가 드럼 스틱을 손에 잡은 이유는 무엇일까요?

"드럼은 생전 처음이에요. 밴드 하면서 배우기 시작했죠. 이유치고는 너무 유치한데요, 스트레스 풀기 가장 좋을 거 같아서 드럼을 선택했습니다. 스스로 귀청을 울리고 싶었어요. 악기 배우고픈 마음은 늘 있었습니다. 일생 동안 악기 하나 다루지 못한다면 얼마나 비통한 일인가! 라고 자주 울부짖었거든요."

스스로 귀청을 울리고 싶어서 시작한 드럼이건만, 미안하게도 아직

까지 귀청을 울릴 만큼의 실력이 못 된다고 하네요. 그의 울부짖음을 듣고 모인 멤버들 또한 저마다 생초보들로, 만날 때마다 좌충우돌하느라 정작 제대로 된 연주를 할 겨를이 없습니다. 심지어 아직까지 밴드 이름도 없어요. 만나면 서로 좋은 이름을 다투느라 결국 정하지 못하고 다음을 기약한다니 참 재밌죠? 밴드 이름도 없고, 악기도 시원찮지만 그게 뭐 대수겠습니까. 그것만으로 즐겁고 행복한 것을. 지난주보다 조금 낫고, 지난달보다 아주 조금 더 악기와 친해진 서로의 모습을 보는 것만으로도 이 직장인 밴드, 무척이나 즐겁답니다.

"합주는 일주일에 한 번씩, 일요일 아침에 모여서 합니다. 밴드를 시작하기 전에 일요일 아침은 그냥 자는 시간으로 흘려보냈던 터라, 더 뜻깊죠. 독학하느냐고요? 아 물론 스틱 쥐는 법도 모르니 처음에는 학원을 다닐 수밖에 없어요. 석 달 배웠죠. 아직도 무지하게 배울 게 많지만, 결정적으로 비싼 학원비랑 시간을 감당할 수가 없어 그만두었습니다. 대신 혼자 연습이라도 많이 하려고 노력하는데, 아무래도 힘드네요."

돈과 시간. 맞습니다. 자본주의 사회에서 뭘 배우려면 지불해야 할 두 가지이죠. 하지만 두 가지를 함께 쏟아내기가 또 어려운 것이 현실입니다. 그만큼 우리는 바쁘고 힘겨운 삶을 살고 있으니까요. 정경섭 씨의 고민이, 악기를 배우고 싶지만 선뜻 나서지 못하는 많은 이들을 대변해주고 있는 것 같아서 마음이 짠하더군요. 그럼에도 불구하고! 정경섭 씨는 여전히 드럼을 꿈꾸고 좋아합니다. 천천히 한 걸음씩 드럼을 향해 나아가고 있죠. 대체 드럼의 매력이 무엇이기에?

"강렬하죠. 정말 강렬해요. 언젠가 공연을 보는데 다른 악기는 눈에

들어오지 않더군요. 드럼이 뿜어내는 그 강렬함에 확 끌려버렸습니다. 그래서 당연히 악기를 배우면 드럼이다 싶었어요. 또한 밴드 안에서 드럼의 역할이 굉장히 크잖아요. 연주를 이끌어야 하니까 독보적인 위치를 차지할 수밖에 없죠. 그런 장점이 있는 반면 못하면 너무 티가 확 나는지라 다른 악기를 굉장히 괴롭히기도 합니다.

드럼은 또 연주 자체가 특이한 게, 오른팔 왼팔, 오른발 왼발이 각자 따로 놀아야 하는 악기잖아요. 보기는 쉬워도 팔다리 따로 노는 게 엄청 어려운 일이에요. 마음을 나눠야 연주가 가능하다는 그 사실이 무척 신기했습니다. 팔다리에 그렇게 따로 마음을 실어본 일이 없어서 그런지 신기하고 묘한 기분이 들더군요. 조금 치다보면 나중에 사지가 따로따로 알아서 움직이게 돼요. 그때의 기분은 말로 표현하기 힘듭니다. 불교에서 말하는 무념무상의 상태라고나 할까요?"

스틱을 잡고 두드리다보면 헝클어진 머릿속과 이런저런 일들로 다친 마음이 조금 가벼워진다는 성성섭 씨. 스트레스를 풀고 싶어 시작한 드럼이 그에게 주는 선물은 결코 작은 것이 아닙니다. 편안히 돌아와 쉴 집처럼, 언제든 돌아와 연주할 악기가 있다는 것은 그에게 큰 위안이고 기쁨이죠. 음악을 듣는 태도도 달라졌습니다. 음악은 이제 배경이 아니라 그에게 전해오는 메시지가 됐습니다. 차 안에서 음악이 나오면 가만히 귀 기울여 드럼의 비트를 찾고 있는 자신을 발견하며 피식 웃곤 합니다. 이젠 다른 악기까지 배우고 싶다니, 가뜩이나 바쁜데 이 일을 어찌합니까?

"드럼은 일상적으로 연주가 불가능한 악기잖아요. 메고 다니면서 생각날 때마다 칠 수도 없고. 그래서 기타를 좀 배워보려 합니다. 동료들은 제발 드럼이나 좀 제대로 치라고 말리겠지만, 그래도 꼭 배우고 싶어요. 하나를 배우면 다른 것도 배우고 싶고, 조금 알게 되면 더 잘하고 싶은 욕심이 생기더라고요. 이게 바로 악기가 주는 진짜 매력인 것 같아요. 음악은 우리의 삶과 떨어질 수 없는 부분인데…… 음악을 공부하면, 더 깊은 음악의 세계를 알 수 있죠. 인생을 좀더 폭넓게 살 수 있는 또 하나의 방법이죠."

초보 신시사이저 연주자, 최진형

"내 손끝에서 소리가 피어나는 순간의 희열, 뭐라 말할 수 있을까요?"

최진형 씨(33)는 동영상 편집일을 하고 있습니다. 그의 표현대로라면 '아직은 밴드라고 불리기에도 민망한' 직장인밴드에서 신시사이저를 맡고 있는 그는 어릴 때부터 음악을 좋아했고 "언젠가는 밴드 언저리에라도 서고 싶은 소망"을 품고 있었다네요. 그러다가 2008년 12월, 그렇게 밴드 언저리에라도 서고 싶은 소망을 품은 이들을 만나 '맨 땅에 헤딩하는 기분'으로 음악을 시작했습니다.

"나뿐 아니라 다른 멤버들 모두 밴드는 물론이고, 악기도 처음 접하는 터라 완전 엉망진창이었습니다. 보통은 악기를 꽤 오래 배우고 나서야 밴드를 하는데 우리는 밴드와 악기를 같이 시작한 거예요. 겁도 없이 말이죠. 아무래도 정식대로 가면 몇 년이 걸릴지 알 수도 없고, 합주를 해야 악

기 배우는 즐거움과 동기 부여도 더 잘된다고 생각했기에 밀어붙였습니다."

그렇게 밀어붙여 만든 밴드가 최진형 씨에게 주는 즐거움은 상상보다 큽니다. 저마다 일 때문에 바빠 모이는 시간은 잠깐뿐이지만, 그 짧은 시간에 뜻 맞는 이들과 나누는 음악은 큰 기쁨이고 즐거움이 되고 있으니까요. 멤버들이 좋아하는 곡 가운데 한 곡을 정해 한 달 단위로 연습하고 있습니다. 비록 지금은 공연을 꿈꿀 실력이 안 되지만 언젠가 반드시 무대에 설 날을 꿈꾸는 것만으로도 연습은 즐겁습니다.

최진형 씨와 신시사이저의 인연은 2년 전으로 거슬러 올라갑니다. 엄밀히 말하면 디지털 피아노와의 인연일 테지만요. 그는 2년 전에 디지털 피아노를 샀습니다. 어릴 때부터 피아노를 배우고 싶은 마음은 있었지만, 막상 사자니 무척이나 고민이 됐다네요. '괜히 사놓고 안 쓰고 버려두면 어떡하나' 싶었던 거죠. 하지만 결국 그는 피아노를 들여놓았습니다. 대신 세탁기를 포기했죠. 집이 좁아 둘 다 들어갈 수가 없었거든요. 세상에, 세탁기를 포기하면서 들여놓을 정도로 피아노에 대한 애정이 그리 컸던 것일까요?

"사실 피아노를 선택하게 된 것은 순전히 내 뜻만은 아니었습니다. 난 어떤 특정한 악기를 잘 다루고 싶다는 생각보다는 음악으로 소통을 하고 싶다는 생각이 더 컸어요. 단순히 어떤 곡을 친다기보다 스스로의 느낌, 정서 같은 것들을 악기를 이용해 표현하고 싶었죠. 그런데 음악을 배우고 이해하려면 우선 피아노만큼 좋은 악기가 없다더라고요, 여자친구가요. 그래서 피아노를 시작하게 됐죠.

아, 그렇군요. 알고 보니 최진형 씨의 여자친구가 음악하는 사람이라고 합니다. 인디밴드에서 활동하고 있는, 실력 있는 뮤지션이라니 님 좀 짱이신 듯. 최진형 씨는 그 어렵다는! '서른 넘어 피아노 배우기'를 독학하고 있습니다. 짬날 때마다 집에서 악보 보는 연습을 하고, 매달 정해진 밴드 연습곡을 보며 코드 연습을 하고 있죠. 잘 모르는 부분은 여자친구에게 물어보고 있고요. "머리가 굳은 것인지, 원래 재능이 없는 건지 아직도 악보 읽는 게 너무 어렵다"라며 푸념하지만, 용기 있게 시작한 것만으로 이미 그대는 최고라고 말씀드리고 싶네요.

"신시사이저가 가진 매력이요? 글쎄요, 아직 피아노 건반 보는 것도 힘들어 매력이 뭐라 말씀은 못 드리겠네요. 다만 내 손에서 어떤 멜로디가 나올 수 있다는 것이 신기할 따름입니다. 연습 방법이 따로 있을까요? 자신이 좋아하는 곡을 찾아 연습하는 게 가장 좋다고 생각해요. 그래야 금방 싫증도 안 날 테니까요. 내가 좋아하는 곡은 〈Falling Slowly〉〈Moon River〉〈Over the Rainbow〉처럼 멜로디가 아름답고 잔잔한 것들입니다."

겸손한 최진형 씨는 음악을 시작하면서 삶이 달라졌다거나, 인생관이 바뀌었다거나 하는 거창한 이야기는 하지 않습니다. 다만 지금도 무엇인가를 시작하고 배울 수 있다는 것이 기쁘고, 함께할 수 있는 사람들이 있어 즐겁다는군요. 서른두 살에 생전 처음 피아노를 배우겠다고 결심하고 더듬더듬 건반을 하나씩 누르며 그가 깨달은 사실은, 시작을 방해하는 것은 나이나 몸이 아니라 마음에 있다는 사실이었습니다.

"흔히들 나이는 그냥 숫자에 불과하다고 하잖아요. 하지만 나이가

들면 들수록 무언가를 배우는 것이 그만큼 어려운 게 사실이거든요. 아무래도 몸도 굳고 머리도 굳으니까 어릴 때보다는 더 많은 시간과 노력을 들여야 하죠. 그걸 알기 때문에 사람들은 선뜻 나서지 않는지도 몰라요. 시간, 돈, 굳은 몸도 그렇지만 가장 큰 어려움은 마음에 있다고 생각해요. 특히나 한국 같은 정신없는 나라에서 30대란 무언가를 향해 정신없이 달리고 가진 것을 지켜야 할 나이이지, 무언가를 새로 시작하기에는 너무 늦은 나이로 인식되죠. 하지만 조금만 여유를 가지고, 가진 것 중 조금만 포기할 줄 안다면 의외로 쉽게 시작할 수 있다는 생각이 들어요. 나를 보세요. 세탁기를 버리니까 피아노가 생기잖아요. 30대, 40대, 아직 젊잖아요. 갖고 있는 것을 지키려 안간힘 쓰기보다는 자기 속에 어떤 것들이 들어 있는지 조금 더 꺼내볼 수 있는 시간이 되기를 바랍니다."

추천 연습곡

사실 악기 연습에는 왕도가 없습니다. 법으로 정해놓은 연습곡이 있는 것도 아니고, 사람마다 느끼는 좋은 연습곡도 다 다르죠. 자기가 들어서 좋은 곡들, 이 곡은 꼭 한번 쳐보고 싶은 곡들을 연습하면 됩니다. 물론 단계는 필요하겠죠. 기타 잡은 지 3일 됐는데 무턱대고 어려운 곡을 연습한다고 될까요? 일단 많은 이들이 추천하는 대중적인 연습곡을 몇 곡 소개합니다.

그대에게 무한궤도 독설가로 변신한 신해철의 탄생을 알린 곡. 1988년

대학가요제 대상 수상곡으로 각종 행사나 축제, 학교밴드들의 공연 때 빠지지 않는 곡이다. 화려한 도입부의 사운드와 흥겨운 리듬으로 각종 경기의 응원곡으로도 많이 쓰인다.

나 어떡해 ^{샌드페블스} 1977년에 열린 제1회 대학가요제 대상곡. 거의 모든 아마추어 밴드들이 맨 처음 연습곡으로 선택해 '초보 밴드의 바이블'이라 할 수 있다. 단순하면서도 중독성 있는 멜로디와 가사가 인상적인 곡.

낭만고양이 ^{체리필터} 보컬 조유진의 시원시원한 매력이 돋보이는 록밴드 체리필터의 대표곡. 〈낭만고양이〉는 남자들도 부르고 싶어하는 노래다. 연주 자체도 신나고 관객 반응은 더 말할 나위 없다. 또다른 곡 〈오리 날다〉도 밴드의 인기 연주곡.

너에게 난 나에게 넌 ^{자전거탄풍경} 영화 〈클래식〉 OST로 유명해진 노래. 이후 많은 취미밴드들이 연주했다. 어렵지 않으면서도 다채로운 연주, 서정성 있는 가사와 분위기로 관객들의 환호를 받는 곡.

넌 내게 반했어 ^{노브레인} 인디와 오버를 자유롭게 넘나드는 펑키밴드 노브레인의 대표곡으로, 영화를 비롯해 각종 CF에 등장하면서 대중적인 곡이 되었다. 요즘 웬만한 밴드들이 한 번씩은 다 연주하는 곡. 쉬우면서도 즐겁고, 무대와 관객이 함께 방방 뜰 수 있는 곡이다.

돌고 돌고 돌고 들국화 한국 록의 고전. 윤도현밴드가 리메이크해 많은 이들에게 들국화를 새롭게 알린 이 곡은 20년이 지난 지금도 여전히 쩡쩡하고 묵직한 울림을 준다.

　　　밤이 깊었네 크라잉넛 변함없이 그 자리를 씩씩하게 지키고 있는 한국 펑크록의 대표 밴드 크라잉넛의 곡. 연주가 어렵지 않아 초보 밴드들이 연주하기에 좋다.

　　　어쩌다 마주친 그대 송골매 록밴드의 깐깐한 완성도와 대중적인 인기를 동시에 누린 흔치 않은 밴드, 7080의 대표 록밴드 송골매의 인기곡. 20년이 지난 지금까지 두고두고 연주되고 있는 명곡으로, 특히 베이스 연습곡으로 사랑받고 있다.

　　　잊을게 윤도현밴드 많은 직장인밴드와 학교밴드의 전폭적인 지지를 받고 있는 인기 연주곡. 많은 사람들이 밴드 연습곡으로 추천하는 곡이다. 윤도현밴드의 노래들은 음역도 적당하고 시원시원해서 남성 보컬들의 사랑을 듬뿍 받고 있다.

　　　차우차우 델리스파이스 한국의 대표 모던록밴드 델리스파이스의 대표곡. 많은 밴드들이 처음 연습하는 곡으로 손꼽는다. 언뜻 연주가 쉬워 보이지만 느린 박자라 정교하게 맞추기 어려워 느린 리듬 연습에 좋은 곡이다.

크게 라디오를 켜고 ^{시나위} 1986년 〈헤비메탈 시나위〉라는 앨범에 임재범의 보컬로 실렸던 곡. 김바다의 리메이크 곡도 많이 연주된다. 시대를 뛰어넘어 사랑받는 강력한 메탈 사운드가 인상적인 곡.

하하하송 ^{자우림} 막강 마니아를 거느린 자우림의 대표곡 가운데 하나. 자우림은 여성 보컬이 있는 밴드 가운데 아마추어 밴드들이 가장 많이 연주하는 밴드다. 〈헤이헤이헤이〉 〈매직 카펫 라이드〉 〈팬이야〉 등도 많이 연주된다.

외국 곡

Knocking on a Heaven's Door ^{건스앤로지스} 밥 딜런의 원곡을 건스앤로지스가 리메이크해 명연주곡으로 재탄생했다. 최고의 보컬로 손꼽히는 액슬 로즈와 같은 내공은 힘들겠지만 '떼창'으로 웅장한 분위기를 살릴 수 있다면 더욱 멋진 곡이 될 듯.

Don't Look Back in Anger ^{오아시스} 한국에 유난히 많은 팬을 거느린 오아시스의 대표곡으로 많은 밴드들이 꼭 한번 연주해보고픈 연습곡으로 손꼽는다. 음울한 듯 쓸쓸한 분위기를 내고 싶을 때 제격.

Basket Case 그린데이 90년대 그런지나 펑크록을 좋아하는 30대뿐 아니라 이제 막 밴드를 시작하는 이들에게도 표본이 될 만한 곡. 빠른 드럼, 신나는 사운드로 공연 초반 분위기를 흥겹게 달구는 데 좋은 곡.

Breaking the Law 주다스프리스트 주다스프리스트의 라이브 공연 무대의 상징 같은 대표곡. 기타를 막 배우기 시작한 연주자나 초보 밴드 연습곡으로 자주 쓰인다. '메탈밴드의 초보 교과서' 같은 곡.

Smells Like Teen Spirit 너바나 너바나를 전세계에 알린 곡이자 얼터너티브의 역사를 만들다시피한 곡으로 알려져 있다. 기타 리프 3개가 반복되는 단순한 화음이 강렬한 사운드를 만들어낸다. 커트 코베인이 죽은 지금도 여전히 밴드들은 이 곡을 사랑한다.

Smoke on the Water 딥퍼플 〈나 어떡해〉가 한국판 초보 밴드의 바이블이라면 이 곡이야말로 외국판 바이블. 초보 밴드들이 제일 먼저, 또 가장 많이 연주하는 곡이다.

I Love Rock'n Roll 조앤 제트 '록=남성의 영역'이라는 편견을 깨고 당당한 여성 록을 구사한 조앤 제트의 1982년 곡. 2001년에 브리트니 스피어스가 리메이크했지만, 록 팬들은 조앤 제트의 원곡을 최고로 친다. 노래 좀 하는 여성 보컬이 부르면 '간지 작살'인 곡.

Enter Sandman ^{메탈리카} 메탈리카의 대표곡 가운데 하나로 비교적 연주가 쉬워서 초보 밴드들도 많이 도전한다. 최고는 화려한 기교나 어려운 코드 없이도 최고라는 것을 보여주는 곡. 쉬우면서도 기본에 충실한 연주를 익히게 해준다.

You Give Love a Bad Name ^{본조비} 90년대 연주 좀 한다는 학교밴드, 직장인밴드 들이 자주 연주하던 본조비의 대표곡. 흥겨워서 공연장 분위기 띄우는 데 좋다.

What's Up ^{포넌블론즈} 90년대 후반 여성 보컬이 있는 밴드에서 가장 많이 부르던 연주곡. 지금도 여전히 인기다. 기타 코드가 반복돼 악기 연습용으로도 좋고 공연곡으로도 좋다.

Can't Stop ^{레드핫칠리페퍼스} 신나고 흥겹고 재미있는 록의 대명사, 레드핫칠리페퍼스의 악동 같은 매력이 물씬 풍기는 대표곡으로 많은 밴드들이 연습곡으로 손꼽는다. 단순하면서도 흥겨운 리듬에 어깨가 절로 들썩이는 곡.

Creep ^{라디오헤드} 한때 거의 모든 직장인밴드와 학교밴드의 최고 연주곡이었고, 지금도 여전히 단골 연습곡으로 꼽힌다. 음울하고 몽환적인 분위기로 공연 분위기를 새롭게 하는 데 제격. 정작 당사자인 라디오헤드는 이 곡을 싫어해 공연에서 거의 연주하지 않는다고 하니 재밌는 아이러니인 듯.

추천 기타 연습곡

Smells Like Teen Spirit(너바나)
Enter Sandman(메탈리카)
Basket Case(그린데이)
Sweet Child O'Mine(건스앤로지스)
Smoke on the Water(딥퍼플)
Stairway to Heaven(레드제플린)
I'm Alright(닐 자자)
Far Beyond the Sun(잉베이 맘스틴)
Creep(라디오헤드)
Breaking the Law(주다스프리스트)
Hotel California(이글스)

추천 베이스 연습곡

The Chicken(자코 파스토리우스)
Run for Cover(마커스 밀러)
Aeroplane(레드핫칠리페퍼스)
Hystoria(뮤즈)

Feels So Good(첵 맨지오니)

Eagle Fly Free(헬로윈)

Keep the Faith(본조비)

Phantom of the Opera(아이언 메이든)

Orion(메탈리카)

Metal God(주다스프리스트)

추천 드럼 연습곡

Plug in Baby(뮤즈)

Enter Sandman(메탈리카)

Rock'n Roll All Night(키스)

Driver's High(라르크앙시엘)

Come Out and Play(오프스프링)

악기 연습의 5계명

1. 버텨야 할 체르니 시절

　피아노를 배운 이들이라면 전설의 체사부, 체르니 선생을 기억할 겁니다. "너 체르니 30번? 나 40번. 100번은 절루 가 있어." 이름 뒤에 붙은 번호가 무엇이냐에 따라 피아노학원에서 나름의 텃세와 뼈김이 일어나곤 했죠. 베토벤으로 가기 위해서도, 스크라빈이나 스트라빈스키 같은 현대음악으로 뛰어넘기 위해서도 반드시 거쳐야 할 징검돌은 바로 체르니였습니다. 『체르니 100번』의 1번이 뭔지 기억나세요? '미미솔미 도도미도 레레파레 미미미미 미미솔미 도도미도 레파미레 도미도' 입니다. 28년 전 처음 배운 피아노이건만, 체르니 100번의 1번은 여전히 생생히 기억납니다.

　기타, 베이스, 드럼에도 '미미솔미 도도미도'가 있습니다. 기본이 되는 코드 하나, 스틱질 하나에서 모든 것은 시작되죠. 누구나 이 처음을 견뎌야 하고 제대로 겪어야 합니다.

2. 천천히 또박또박

　얼른 좋은 곡을 치고 싶어서 단계를 건너뛰고 마구잡이로 빨리 연습하는 경우가 많습니다. 아니될 말씀입니다. '미미솔미 도도미도'를 완벽하게 치지 않은 상태에서 피아노 소나타로 넘어간다고요? 악기의 기본이 되는 연습은 아무리 시간이 걸리더라도 완벽하게 할 수 있어야 합니다. 이번에 대충 넘어갔는데 운 좋게 다음 것이 되었다, 설사 그렇더라도 나중에 반드시 막히게 됩니다. 악기 연습에는 엘리베이터가 없다는 것을 명심하

세요. 지금 지루한 크로매틱, 스케일 연습을 해둬야 나중에 빛나는 솔로 연주가 가능하다는 사실을요.

3. 매일매일 조금씩

뭘들 안 그렇겠습니까만, 악기 실력과 연습량은 비례합니다. 악기를 얼마나 잘 치느냐는 연습을 얼마나 많이 하느냐에 달려 있죠. 물론 천재들은 짧은 연습 시간에도 눈부신 성과를 보이기도 하지만, 우리 같은 범인들이야 어디 그럴 수 있나요. 그저 연습, 또 연습하는 수밖에요. 그런데 이 연습량은 총량이 아니라 매일매일의 연습량입니다. 하루에 1시간씩 매일 연습하는 것이 일주일에 하루 몰아서 7시간 연습하는 것보다 100배 낫습니다. 악기란 정직한 몸의 움직임이라, 쉬어주면 금세 들통이 나게 마련이죠. 오늘 하루 쉬었으니 내일 배로 한다? 오늘 많이 했으니 내일 쉬어도 된다? 아니될 말씀입니다. 매일매일 10분 연습이 1년 뒤를 좌우한다는 사실을 잊지 마세요.

4. 쉬운 곡부터 차근차근

레슨을 받지 않고 독학할 때는 연습곡을 스스로 정하게 되는데, 이때 하기 쉬운 실수가 '간지 작살 초절정 어려운' 곡부터 고르는 겁니다. 누구에게나 악기를 처음 시작하게 한 계기가 되는 멋진 곡이 있을 거예요. '평생에 연주할 수 있는 딱 한 곡'을 바라는 이도 많겠고요. 그 마음은 충분히 알지만, 그 곡은 벽장 속에 꼭꼭 숨겨두세요. 수준에 맞는 쉬운 곡부터 쳐야 합니다. 쉽고 다양한 장르의 곡들을 많이 쳐서 다양한 연습법을 익히는 것이 순서입니다. 무턱대고 어려운 곡에 달려들면서 어정쩡하게 끝내고 싶진 않죠? '나 그 곡 (대충) 칠 줄 안다' 라는 게 무슨 의미가 있겠습니까. 쉬운 곡부터 하나하나 차근차근 올라 언젠가는 궁극의 곡에 닿는 것이 왕도입니다.

5. 무조건 많이 들어라

모든 악기가 그렇겠지만 드럼이나 베이스 등의 리듬을 다루는 악기는 '귀' 가 대단히 중요하다는군요. 듣는 것이지요. 우리 밴드의 스틱 형님은 처음 연습곡이 정해지면 거짓말 안 보태고 그 음악을 100번 듣더군요. 리듬을 익히기 전에는 어설프게 스틱을 들지 않지 뭐예요. 음악을 듣는 것은 모든 악기를 배우는 기본이 됩니다. 대충 듣고 달려들어 어설프게 손가락을 돌리지 말고, 음악을 들으면서 처음부터 끝까지 음악을 파악하는 것이 중요합니다. 꼭 새겨들으세요.

직장인밴드 인터뷰 no. 6

"나갔다 하면 싹쓸이, 콘테스트 전문"
대구 직장인밴드
칼퇴근

직장인들이라면, 특히나 '출근은 9시, 퇴근은 기약 없음'의 삶을 살고 있는 이들이라면 그야말로 꿈같은 말일 겁니다. 칼퇴근. 듣기만 해도 황홀해지는 칼퇴근을 밴드의 이름으로 삼아, 오늘도 칼퇴근을 꿈꾸며 음악의 날을 벼리고 있는 이들이 있답니다. 이름에서부터 만만찮은 유머 내공이 팍팍 풍긴다고요? 실제로 보면 또 얼마나 재밌는데요. 하지만 재밌다고 우습게 보면 큰일 납니다. 이 양반들, 심심하면 직장인밴드 경연대회에 나가 대상 탑니다. 뿐인가요? 공연도 1년에 예닐곱 번씩 가비얍게 해대죠. 그야말로 무서운 밴드, 칼퇴근!

무모한 열정으로 똘똘 뭉치다

칼퇴근밴드는 2006년 3월에 결성됐습니다. "스쿨밴드 경력자이지만 20여 년의 세월이 흘러 손발이 굳어버린 40대와 나름 노래방에서 한 가닥 한다는 지인들을 모아 만든 팀"이죠. 마음은 빅뱅인데 몸은 누구랄까요, 몸보다 마음이 앞서 수많은 시행착오와 우여곡절을 겪으면서 멤버도 여러 번 바뀌고 지금까지 좌충우돌 굴러왔다네요. 초창기에는 연습 공간이 없어 여러 곳을 떠돌며 더부살이도 했고요. 하지만 되는 집안은 원래 시끌벅적한 법!

칼퇴근밴드는 자부심과 열정 빼면 시체입니다. 스스로 생각하기에 무모하다싶을 만큼 자신감이 넘치죠. "대한민국에서 (나름) 잘나가는 직장인밴드 중 한 팀이라는 자부심, 실력은 조금 떨어지더라도 열정과 노력은 어느 팀 못지않으며, 음악적인 가능성도 충분한 팀"이라고 스스로를 평가하는 객관적인 안목도 있습니다. 무모한 열정은 그동안 놀라운 결과들을 만들어냈습니다.

　2006년 밴드를 결성하자마자 그해 8월 올브랜 아울렛 개점 1주년 록페스티벌 공연에 참여했고 한 달 뒤 애플 콘서트 참여, 또 한 달 뒤 서문시장축제 7080 록페스티벌 공연 참여, 12월 대구 직장인밴드연합 송년 정모공연. 여기까지는 뭐 그럴 수 있다 칩시다. 그런데 2007년 3월, 엄청난 일을 저질러버립니다. 〈멀어져간 사람아〉란 노래로 제28회 KBS 근로자가요제에 나가 '덜컥' 본선 대상을 타버린 것이죠. 결성한 지 1년 만에 중앙 진출한 셈이랄까요.

　근로자가요제 대상팀답게 2007년 하반기에만 6번의 공연을 하고 2008년 상반기에도 정신없이 공연을 하는가 싶더니 사람들이 잊어버리기 전에 또 큰일을 저지릅니다.

　2008년 6월 '제1회 직장인밴드축제 봄날' 대회에 나가 또다시 대상을 먹어버린 거죠. 허걱. 이쯤 되면 '대상 수상 전문 직장인밴드' 라 불러야 할 것 같습니다. 수상의 여세를 몰아 2008년 하반기에도 공연, 공연, 또 공연. 이젠 받아 적기에도 벅찹니다(8월 현대성우리조트 썸머 페스티벌 공연, 10월 청소년문화축제 공연, 12월 대구경북이업종프라자 축하공연).

'들이대' 정신으로 들이대~

아무리 무모한 도전을 밥 먹듯이 하는 것이 칼퇴근밴드의 특징이라지만, 듣자 하니 참 재밌습니다. 칼퇴근밴드의 정신을 한마디로 얘기하자면 '들이대' 라는군요. 2007년 KBS 근로자가요제에도 무작정 들이대 지

역 예선을 통과한 뒤 '공중파 방송출연'이라는 부푼 꿈을 안고 가족들까지 몽땅 동반해 여의도 KBS홀에서 대상을 거머쥐었지요. 내친 김에 또 들이대 2008년에도 대상을 탔고요. 이쯤 되면 칼퇴근밴드가 아니라 '들이대밴드'라고 이름을 바꿔야 하지 않을까요?

하지만 이들은 압니다. 기쁨의 순간은 결코 영원하지 않다는 것을요. 고난도 행복도 곧 지나간다는 사실을 알기에 상을 타거나 타지 못하거나 똑같은 마음을 가지려고 노력합니다. 처음 시작하는 밴드의 마음으로 2009년, 또다시 콘테스트의 문을 두드렸습니다. 파주 파비뇽 아울렛 오픈밴드 콘테스트에 '불원천리 들이대기'를 감행해 베스트 파비뇽 상을 탔죠. 스스로 상복이 많은 팀이라고 하지만, 겸손이라는 거 다 압니다. 실력이 받쳐주지 않으면 아무리 상복이 많다 해도 이런 행운들이 따르지 않을 테니까요.

칼퇴근밴드의 멤버는 지금 6명입니다. 생각보다 적죠? 공연도 그렇게 많이 하고 나갔다 하면 상을 타는 팀이라 한 200명 정도가 모여 있지 않나 싶었는데, 그야말로 알짜배기 소수 정예들이 모여 이런 힘을 발휘하는군요. 멤버들 평균 나이 30대 중반이고, 중소기업진흥공단 직원, 자동차부품생산 중견기업 회사원, 자영업자, 초등학교 교사, 전기건설공사 기술자, 의약품 유통업자 등 다양한 일들을 하고 있습니다. 칼퇴근밴드가 특별히 추구하는 음악이나 장르가 있는가 물어봤더니, 이런 소박한 대답이 돌아오더군요.

"우리가 프로선수도 아니고 잘난 것도 하나 없는데, 특별히 추구하는 음악장르가 있다고 해서 누가 알아주는 것도 아니잖아요? 우리가 연주하면서 즐겁고, 들어주는 분들이 즐거우면 그게 좋은 음악이지요. 사실 갖고 있는 악기와 장비의 구성상 그리고 음악적, 경제적 한계로 인해 록밴드의 전형적인 음악 스타일을 벗어나지 못하고 있습니다. 아무래도 많은 직장인밴드들이 편히 시도할 수 있는 음악인 록과 메탈, 발라드, 7080가요 등을 주로 하게 되죠. 실력과 장비가 소화할 수 있는 한 되도록 다양한 음악장르를 소화하고 즐기려고 노력합니다."

일주일에 1회 합주를 기본으로 하고, 앞에서 보셨다시피 공연은 잡히는 대로 닥치는 대로 또 밥벌이 되는 대로 다 한다는군요. 어디선가 누군가에 무슨 일이 생기면 나타나는 정의로운 로봇처럼 "음악과 무대가 있는 곳이라면 언제 어디든 달려가는" 것이 바로 칼퇴근밴드의 힘입니다. 언제, 어떤 무대라도 선다는 것은 사실 힘든 일이잖아요. 그만큼 음악을 좋아하고, 연주를 좋아하고, 무대를 즐기는 밴드가 바로 칼퇴근이라는 생각이 드는군요.

멤버들은 대구에 있는 직장인 여러분에게 강력히 요구합니다. 밴드를 꿈꾸고 있다면 칼퇴근밴드로 제발 들이대달라고요. 유년 시절 대학가요제나 강변가요제에 꼭 한번 나가고 싶었던 사람이라면, 송골매에 푹 빠졌고 〈젊음의 행진〉을 보며 즐거웠던 추억을 가진 직장인이라면 누구나 칼퇴근밴드의 주인공이 될 수 있습니다. 연주를 잘 못한다고요? 악기를 막 시작했다고요? 뭐 어떻습니까? 들이대세요. 들이대면 새로운 세상이 열린다니까요.

"여러 멤버가 마음을 맞춰 한 곡을 완벽히 소화해냈을 때의 감흥은 아마 백두산 정상에 올랐을 때의 그 마음과 비슷하지 않을까, 감히 자신 있게 말씀드릴 수 있습니다. 요즘 얼마나 좋은 세상입니까? 주위를 잠시만 둘러보면 직장인밴드를 할 수 있는 환경이 조성되어 있잖아요. 뭘

주저하시나요? 그냥 열정 하나만 가지고 들이대면 모든 게 해결됩니다. 다만, 이것 하나는 약속합시다. 밴드는 혼자 하는 게 아닌 여러 사람이 함께 모이는 조직이니 나의 나태나 태만이 다른 이들에게 피해를 줄 수 있다는 사실, 잊지 마시고요. 나도 행복하고 우리가 행복할 수 있는 행복한 직장인밴드, 준비되셨나요? 그럼 시작합시다!"

악기 실력을 높이는 지름길, 직장인 밴드

악기 실력을 늘릴 수 있는 가장 좋은 방법이 뭐냐고요? 사람들은 이구동성으로 말합니다. 밴드에 들어가라!

에릭 클랩튼이나 존 본햄만큼 치기 전까지는 절대 밴드 활동을 하지 않겠다고요? 워워, 악기 실력을 높이는 방법은 뭐니 뭐니 해도 밴드 활동이라고 사람들은 입을 모읍니다. 혼자 1년 칠 때보다 밴드 활동 한 달 만에 실력이 쑤욱 늘었다고 증언하는 경험자들이 꽤 있으니, 새겨들으세요! 물론 세상이 알아주지 않아도 나 혼자 즐기면 그만인 '방구석 기타리스트'라면 굳이 밴드에 들어갈 필요는 없을 겁니다.

하지만 해도 해도 어째 악기 실력이 영 제자리걸음이라는 생각이 드

는 분, 내 실력이 얼마큼인지 냉정하면서도 지속적인 평가를 받고 싶은 분, 같이 음악 얘기하며 즐길 친구를 찾고 싶은 분, 메탈리카의 곡을 열심히 연습하고 있는데 이 멋진 연주곡을 혼자 하려니 영 '매가리' 없게 느껴지는 분, 모든 악기들이 다 갖춰져서 만들어내는 웅장한 울림을 경험해 보고 싶은 분이라면, 당연히 밴드에 들어가야 합니다.

한창 때 기타깨나 만지작거렸는데 금세 싫증난 경험이 있는 이라면 더욱더. 밴드를 하지 않으면 아무리 열정으로 매달려도 악기를 금방 포기하게 되는 경향이 있습니다. 왜냐고요? 혼자 하면 재미없으니까! 실력이 좋지 않더라도 일단 밴드를 하라고 조언하는 이유입니다. 공연까지는 까마득해 보이겠지만 일주일에 한 번씩 모여 연습하다보면 적금 쌓이듯 연습곡이 쌓이게 되고, 그러면 곧 공연이 멀지 않습니다.

성공적인 직장인밴드를 위해
꼭 필요한
두세가지 것들

자, 우여곡절 끝에 당신은 이제 엄연한 직장인밴드의 멤버가 됐습니다. 당장이라도 공연장에 서고 싶어 몸이 근질근질하군요. 끗발 날리는 연주로 관객들을 기절시키는 상상에 절로 입이 벌어지기도 하고요. 워워, 흥분은 잠시 가라앉히시고, 직장인밴드가 잘 굴러가기 위해 꼭 필요한 몇 가지에 대해 함께 고민해보도록 해요.

즐겁지 않으면 밴드도 없다

기본 중의 기본이죠. 직장인밴드는 즐거워야 합니다. 프로가 아니고 이걸로 밥을 버는 것이 아니라는 사실을 명심하세요. 프로는 하기 싫어도 해야 하지만 아마추어는 그럴 일이 없습니다. 즐겁지 않은 직장인밴드가 무슨 의미가 있을까요? 돈이 생기는 것도 아니고 승진에 도움이 되는 것도 아닌데 말이죠. 일단 호기심이 동해 밴드에 들어왔는데, 꼬박꼬박 연습 날짜 지키고 악기 연습하는 게 부담이 된다면 어떻게 될까요? 직장인밴드가 '또 하나의 일'이 되어버린다면, 나에게도 멤버에게도 불행입니다.

억지로 하는 음악은 다른 이들에게 민폐입니다. 그러니 언제든 잘 판단하시기 바라요. 언제 어느 때고 직장인밴드가 즐겁지 않은 순간이 온다면 그때는 대책을 강구해봐야겠죠. 대전 직장인밴드 M-Road의 연주자들은 조언합니다. "다른 일을 만드는 것이라고 생각하면 절대 시작하지 못합니다. 약속과 연습시간이 모두 즐거워야 시작하는 것이 바람직하다고 봅니다"라고요.

낯선 내가 낯선 너를 보듬고 가는 것

생판 모르는 사람들끼리 만나서 밴드를 만들었습니다. 무슨 음악을 좋아하는지, 어떤 음악을 하고 싶은지, 밴드를 만들기 전에 대충 '간'을 봤을 테니 음악적인 부분에서는 크게 부딪치지 않을 겁니다. 하지만 30년 이상 다른 문화와 다른 환경에서 살던 사람들인지라 음악 말고 다른 부분에서는 굉장히 많이 부딪칠 수 있습니다. 나는 술 없이 못 사는데 저 사람은 한 방울도 입에 못 대죠. 다섯 명 중에 한 명 빼고 다 골초인 경우도 있겠고요. 하다 못해 채식주의자와 육식주의자로 갈릴 수도 있을 겁니다. 그럴 땐 어떻게 해야 할까요?

서로를 배려해야죠. 회사에서 하던 버릇대로, 부하 직원에게 술 강요하듯 술을 강요할 작정은 아니죠? 비흡연자를 전혀 고려하지 않은 채 밀폐된 공간에서 담배를 무심코 피우는 일도 없어야 하겠고요. 그밖에도 부딪힐 일이 많이 생길 수 있습니다. 욱하기 전에 나와 다른 사람이라는 사실을 먼저 생각하세요. 좋아하는 음악을 하기 위해 모였으니, 서로가 서로를 배려하는 것은 기본 중의 기본입니다.

직장인밴드도 엄연한 조직이자 사회다

열정? 필요합니다. 재능? 있으면 감사하지요. 그런데 그보다 더 중요한 것들이 있습니다. 갑근세밴드를 만든 장본인이자 갑근세밴드 대표인 구자중 회장은 직장인밴드를 위해 꼭 필요한 세 가지로 인성, 실력, 책임감을 꼽습니다. 직장인밴드도 하나의 작은 사회이자 조직이니만큼, 제

대로 굴러가려면 음악 외적인 부분 또한 무시할 수 없다는 것이죠.

　구자중 회장이 말하는 인성은 한마디로 '싸가지 있음' 입니다. 안하무인 자기밖에 모르고 저만 잘나 멤버들을 무시하고 여기저기 들쑤셔 분란만 일으키는 사람은 절대 사절이라네요. 이런 사람은 제아무리 연주를 잘해도 직장인밴드에서 배겨내지 못합니다. 멤버들이 먼저 등을 돌려버릴 테니까요.

　두번째 조건인 실력은, 개개인의 월등한 재능을 말하는 것이 아니라 멤버들의 고른 수준을 뜻합니다. 한 팀을 이뤄 연주를 하기 위해서는 멤버들의 실력이 들쭉날쭉해서는 안 되고, 잘하든 못하든 실력이 일정해야 밴드가 유지될 수 있다는군요. 기타는 잉베이 맘스틴인데 드럼은 동네 초보라면, 이 팀이 하룬들 제대로 굴러갈 수 없을 거란 말씀.

　책임감은 설명하지 않아도 다들 아시겠죠? 연습 시간을 칼같이 지키는 것부터, 연주하기로 한 곡을 빼먹지 않고 연습해오는 것 등 지켜야 할 것이 많습니다. 피 같은 연습 시간에 번번이 늦거나 연습을 제대로 안 해와 연주를 망치는 멤버, 곱게 보이지 않겠죠? 취미로 하는 직장인밴드이므로 내키는 대로 설렁설렁 해도 되겠지, 하고 생각했다면 지금 당장 생각을 고쳐야겠습니다.

일주일에 한 시간, 직장인밴드 무르익는 소리

음악학원에 '직장인밴드 양성'이라는 개념을 처음 도입한 뮤직스쿨 타(서울 마포구 상수동)의 전상규 원장은 멤버들의 조건, 실력, 장르 3박자가 맞아떨어져야 직장인밴드가 굴러갈 수 있다고 강조합니다.

조건에는 여러 가지가 있겠지요. 우선 함께 모일 수 있어야 합니다. 거리와 공간이죠. 마음이 아무리 잘 통해도 부산 멤버와 서울 멤버가 같이 활동하는 것은 힘든 일이겠지요. 그보다 더욱 중요한 것이 시간을 맞추는 일입니다. 일주일에 한 시간. 사회에서 모임을 꾸려본 이들이라면 잘 아시겠죠? 각자 생업과 생활이 있는 이들이 정해진 시간에 모두 모이는 것이 얼마나 힘든 일인지를. 제아무리 날고 기는 실력을 가졌대도 합주 없이는 그저 방구석 뮤지션일 뿐이지요. 하늘이 두 쪽 나도 연습 시간을 지키겠다는 마음가짐, 꼭 챙기시기를.

실력은, 앞서도 얘기했듯이 멤버들의 고른 수준입니다. 피차 못하는 생초보들끼리는 지지고 볶고 할 수 있어도 프로와 아마추어는 절대 함께 할 수 없는 냉정한 세계가 바로 직장인밴드입니다. 뭐든 안 그렇겠습니까만. 장르는 직장인밴드의 색깔과 개성을 좌우하는 요소입니다. "우리 밴드는 좋은 음악이라면 다 연주합니다"라는 말은 "저는 대충 아무거나 잘 먹어요"라는 대답만큼이나 성의 없이 들리죠. '음악적 견해차로 갈라서'는 사태를 막기 위해서라도, 밴드의 장르는 시작부터 일치해야 합니다. 겨우겨우 직장인밴드를 꾸렸는데, 알고 보니 드럼은 메탈을, 기타는 모던록을, 보컬은 가요를 하고 싶어한다면 이보다 큰 비극이 어디 있겠습니까.

연습은 어디서?

합주실을 갖춘 밴드라면 얼마나 좋겠습니까. 연습할 때마다 합주실을 구해 떠돌지 않아도 될 테니까요. 하지만 이제 막 시작하는 직장인밴드에게 우리만의 연습실은 꿈같은 이야기이죠. 연습실 찾기가 제일 어렵다고요? 친절하게 각 지역 합주실을 일러주는 데가 있습니다. 음악인들의 휴게실과 같은 사이트 뮬 www.mule.co.kr에 들어가보세요. 각 합주실에서 정보를 올려두어 골라볼 수 있습니다. 합주실마다 조금씩 다르지만 이용 가격은 대개 한 시간에 1만5천 원에서 ~ 2만 원 정도입니다.

음악이라는 공감대를 알뜰히 활용하라

직장인밴드의 맹점은 같이 밴드 활동한다는 것 말고는 별다른 공통점이 없다는 것입니다. 특히 생판 모르던 남남끼리 만났을 경우 일주일에 딱 한 시간 모여 데면데면 연습하고 헤어지면 다시 일주일 뒤에 만나는 일이 반복되죠. 자칫하면 음악이라는 목적만 보고 내달리게 될 수 있습니다. 더군다나 동료들이 정치적인 성향도 다르고 세계관도 다르고 취향도 다르다면 합주 시간 말고는 공통의 관심사를 찾기 힘들 수 있습니다.

직장인밴드도 하나의 모임이니 이왕이면 동료들끼리 친하게 지내면 좋지 않을까요? 친해지면 음악하는 시간이 더 즐거워질 겁니다. 이거 영

계기가 없다 싶으면, 음악이라는 매개를 활용해보는 것은 어떨까요? 평소 회원들이 모두 좋아하는 외국 밴드가 한국에 온다, 그러면 함께 보러 가는 거죠. 토요일에 모여 합주한 뒤 바로 헤어지지 말고 소극장에서 열리는 인디밴드 공연을 보러 가는 겁니다. 자연스레 음악으로 좋아진 분위기를 맥주 한잔으로 이어가면서 음악 이야기를 하는 거죠.

특히 수줍음이 많고 밴드에 잘 어울리지 못하는 멤버가 있다면, 그가 좋아하는 음악으로 다가가보세요. 구하기 어려운 음악 파일을 찾아 보내준다거나, 악기 사는 데 같이 따라가준다거나, 음악하는 데 필요한 이런저런 조언을 해준다거나, 방법은 여러 가지가 있겠죠? 음악으로 모였으니 음악만 한 좋은 소재가 또 있을까요.

Photo by 장재만

모든 길은 공연으로 통한다

자 이제 많이 왔습니다. 악기도 배우고 밴드도 만들어졌죠. 합주도 꼬박꼬박 열심히 하고 있고요. 어떤 날은 연습이 무지 잘되는가 하면 어떤 날은 마스터 했다고 생각했던 곡까지 엉망인 경우도 있습니다. 너무 걱정하지는 마세요. 이게 다 정상적인 과정이니까요. 이제는 무얼 해야 할까요? 밴드의 생명인, 공연입니다. 어떤 아마추어 밴드는 "무대에서 공연 한 번 해보는 것이 평생 소원"이라고 말할 정도로, 공연을 꿈꾸는 밴드가 많습니다.

대체 무대에서 공연한다는 것이 어떤 것이기에?라고 물으신다면, 이 책 앞으로 돌아가서 내가 처음 무대에 섰을 때의 글을 다시 읽어보라고 말씀 드리고 싶네요. 공연은 한마디로, '세상에서 가장 멋진 일' 가운데 하

나라고 자신 있게 말씀드릴 수 있습니다. '뻑이 가는' 정도를 넘어 온통 야릇한 흥분과 긴장으로 떨리고 아드레날린이 마구마구 샘솟고 나른하게 풀어져 있던 몸과 마음이 봄비 맞은 새싹처럼 파릇파릇 솟아나죠. 어쩌면 직장인밴드는 공연을 위해 달려간다고 해도 틀리지 않을 겁니다.

공연이 좋은 이유를 몇 가지 들어볼까요?

첫째, 우리 밴드가 지금 얼마만큼 와 있는지 궁금하지 않으세요? 공연은 밴드의 현재 실력과 수준을 가늠해볼 수 있는 좋은 기회입니다. 합주실에서는 무척 잘하는 것 같은데 무대에 서면 실력이 들통나는 것은 예삿일이니까요. 들입다 연습만 하느라 미처 파악하지 못했던 밴드의 장단점이 분명히 드러나게 됩니다.

둘째, 이유와 동기가 분명해져서 연습에 힘이 실립니다. 그냥저냥 레퍼토리나 하나 늘리자고 연습하던 것이, 이제 공연이라는 분명한 목적을 앞두게 되면 연습에도 바짝 긴장감이 생기게 되죠. 똑같은 곡을 연습하더라도 공연이 정해진 뒤에는 확실히 달라집니다. 더 잘하려고 나도 모르게 노력하게 되죠.

셋째, 공연을 통해 밴드가 더욱 단단해질 수 있습니다. 하루라도 더 만나서 연습하고, 안 되는 부분은 나머지 연습하고, 야식 챙겨먹고, 공연에 대한 기대감으로 두런두런 얘기하면서 술 한잔 나누게 되죠. 공연을 준비하고 공연을 겪는 등의 여러 과정들을 함께하면서 밴드는 더욱 돈독해지고 친해질 수 있습니다.

넷째, 가족과 친구들에게 내 활동을 이해시킬 수 있는 좋은 기회가 됩니다. 주말마다 연습하러 나간다고 아내 또는 연인에게 잔소리깨나 들어본 적 있을 겁니다. 밴든지 뭔지 한다고는 하는데, 진짜로 하는 건지 혹시 밖에서 딴짓은 안 하는 건지, 주위 사람들의 걱정과 의심을 공연으로 털어버리세요. 가족과 연인을 공연에 초대하는 순간, 밴드에 대한 그들의 이해도는 상당히 달라질 겁니다.

다섯째, 뭐니 뭐니 해도 공연이 좋은 이유는 바로! 폼난다는 거죠. 가족, 애인, 친구, 직장동료 들 죄다 모아놓고 내 멋진 모습을 보여줄 기회 아니겠습니까? 엑스 재팬 히데나 요시키만 멋있으란 법 있나요. 무대에 선 그 순간만큼은 당신이 세상에서 가장 꽃미남. 듀란듀란이 부럽지 않다니까요.

공연 준비의 단계들

1. 공연 날짜를 정한다

연습 속도와 멤버들의 합주 수준을 고려해서 가능한 날짜를 잡을 것. 지금 완성된 곡과 앞으로 연습해서 공연 목록에 집어넣을 수 있는 곡들을 파악한 뒤 공연 날짜를 정합니다. 적어도 3개월 정도의 여유는 두어야 합니다. 중간에 곡을 엎을 수도 있고 또 새로운 곡을 준비할 수도 있고, 공연을 위한 다양한 이벤트도 궁리하려면 시간이 너무 촉박해서는 안 되겠죠?

2. 공연곡을 고른다

보여주기 위한 것보다 공연하면서 스스로들 즐거울 수 있고 또 성취감을 얻을 수 있는 곡으로, 밴드의 현재 수준을 가늠하고 스스로 점검할 수 있는 기회로 삼으세요. 무리하지 않고 즐기며 연주할 수 있는 곡을 골라야 합니다. 물론 밴드 멤버들이 다 같이 원하는 곡이어야 해요. 다른 멤버들이 싫어하는데 보컬이 하고 싶다고 우기거나 해선 안 되겠죠? 다 같이 좋아하는 곡이어야 연주에도 흥이 실립니다.

3. 공연 장소를 빌린다

아무리 멋진 곡들과 다양한 이벤트를 빵빵하게 준비했어도 막상 무대를 구하지 못하면 헛일이겠죠? 공연 날짜를 정함과 동시에 공연장을 빌려야 합니다. 서울의 경우 공연장은 대체로 홍대, 신촌, 대학로, 강남에 많이 있습니다. 무대와 객석의 거리가 아주 가까운 작은 소극장 규모의 공연장 하루 대여료는 대체로 100만 원 안팎입니다. 공연장 시설과 크기에 따라 값은 달라지겠죠.

4. 널리 널리 알린다

관객은 또다른 멤버입니다. 관객이 쏟는 에너지에 따라 공연이 잘되기도 하고 망하기도 하죠. 봐주는 사람이 많아야 흥이 나는 것이 바로 공연. 최대한 많은 이들이 와서 공연을 즐길 수 있도록 널리 널리 부지런히 알립시다. 오프라인으로 홍보하는 것은 말할 것도 없죠. 좀더 효과적으로 인터넷을 이용해보는 것은 어떨까요? 멋진 웹 초대장을 만들어 가입한 카페나

블로그, 미니홈피 등에 뿌리는 거죠. 실제로 효과가 대단해서 블로그 이웃들이 공연을 많이 보러 왔답니다.

5. 열심히 즐겁게 공연한다

영원히 올 것 같지 않던 공연날이 드디어 다가왔습니다. 이날만큼은 마음 속 온갖 근심 떨어버리고 무대에 서서 즐겁게 신나게 놉시다. 중간중간 '삑사리'도 나고 머리가 텅 비어버려 다음 가사가 생각나지 않을 수도 있지만, 그것 또한 공연에서만 경험할 수 있는 즐거운 추억 아닐까요?

6. 공연을 정리하고 돌아본다

공연이 끝나고 난 뒤에는 빠른 시간 안에 모여 공연을 정리하고 평가하는 시간을 가져야 합니다. 첫 공연일수록 더욱더 정리하는 시간은 중요하죠. 공연을 기획하고 준비하는 과정에서 문제는 없었는지, 좋았던 점은 무엇이고 앞으로 고쳐야 할 점은 무엇인지 등등 공연 전반에 대해 멤버들의 허심탄회한 의견을 모아보세요. 시험에서는 오답 풀이가 굉장히 중요하다고 하죠? 공연에서도 이 과정은 꼭 필요합니다. 그래야 다음에 같은 실수를 줄일 수 있겠죠.

7. 새로운 곡을 연습한다

자, 이제 또 새로운 공연을 준비해야 할 때입니다. 아무리 환상적인 경험이었다 해도 공연의 흥분은 며칠이면 가시게 마련이죠. 공연의 흥분이 가신 자리에는 커다란 구멍이 뚫리게 되는데, 그 구멍을 메울 수 있는 것은

술도 아니요 연인도 아닌 바로 다음 공연입니다. 공연은 다음 공연을 부르고, 좀더 나은 공연, 더 멋진 공연을 꿈꾸게 되죠. 큰일 났습니다. 중독되셨네요.

공연 입장료, 받아야 하나 말아야 하나?

공연을 준비하면서 아마도 많은 밴드들이 이 고민을 할 겁니다. 입장료를 받을까 말까? '아마추어 밴드 주제에 웬 입장료? 바쁜 시간 쪼개서 공연 보러 와주는 것만도 감지덕지해야 할 판에'라고 생각할 수도 있고 '가슴에 손을 얹고 생각해봤을 때 우리 밴드 실력이 사람들한테 돈을 받는다는 것은 도저히 양심에 어긋나는 일이지'라고 생각할 수도 있습니다. 하지만 '우리가 엄청난 시간과 정성을 들여 준비한 공연인데 공짜로 보여주는 건 관객들도 원치 않는 일일 거야'라고 생각할 수도 있습니다.

우리 밴드는 공연에서 한 번도 돈을 받지 않았습니다. 우리가 즐겁자고 하는 일이고 또 가족, 친구 등 가까운 사람들을 '초대'한 개념이었기 때문에 돈을 받지 말자는 의견들이 많았거든요. 한편으로는, 입장료를 조금이라도 받아서 좋은 일(성금이나 기부)에 쓰면 어떻겠느냐는 의견도 나왔습니다(제 생각은 이쪽이었습니다). 이 부분은 굉장히 민감하고 중요한 부분이니 멤버들끼리 충분히 이야기를 나누시길 바랍니다. 혹시라도 나중에 문제가 생기면 안 되니까요.

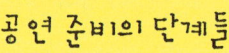

공연 준비의 단계들

공연 '후폭풍' 무사히 넘기기

그 하기 힘들다는 공연을 하고 나서 굉장히 많은 밴드가 흩어집니다. 연습하는 과정에서 감정이 쌓이고 서로에 대한 불만들이 '그래, 인격 훌륭한 내가 공연까지는 참아준다' 하던 것이 공연이 끝나면서 폭발하게 되는 것이죠. 감정적인 부분들도 있지만, '공연이 만족스럽지 않았다' 라는 사실로 실망하게 되는 경우도 많습니다. 자신의 실력도 실력이지만, 몸담고 있는 밴드가 썩 실력이 좋지 않은 밴드라는 실망감이 '탈퇴' 로 이끌곤 하죠. 심한 경우 단 한 번의 공연을 끝으로 해체되어버리는 직장인밴드도 있습니다.

가까운 직장인밴드는 연주자 한 명 때문에 활동을 멈췄습니다. 악기도 워낙 잘 다루고 친구도 많아 평소 공연 흥행을 책임지던 이였지만, 공연 당일 큰 실수를 해버렸습니다. 실연의 상처와 공연이 겹치는 바람에 연습을 소홀히 한 거죠. 공연을 위해 몇 달을 고생한 멤버들은 그 멤버에게 적잖이 실망했고, 스스로에 대한 실망감과 동료들의 말없는 지탄을 견디지 못한 멤버는 결국 밴드를 그만두게 됐습니다. 안타까운 일이죠.

그야말로 처음이자 마지막인, 전설적인 공연이 되지 않기 위해서는 어떻게 해야 할까요? 공연이 끝나고 나면 빠른 시간 안에 모든 멤버가 다 모여 공연에 대해 평가하는 시간이 꼭 필요합니다. '평가' 라고 하니 조금 딱딱하고 살벌하게 들린다굽쇼? 그렇다면 '이야기 나누는 시간' 이라고 바꾸는 게 좋겠네요. 모여서 서로의 생각을 나누는 시간이 필요합니다. 제가 활동하던 밴드는 공연을 비디오로 녹화한 뒤, 날을 정해 편히 앉아 밥

먹을 수 있는 식당에 모입니다. 가져온 노트북에 공연을 틀고, 술 한잔 하면서 공연을 보는 거죠.

무대에 선 밴드가 아니라 맘 편히 공연을 즐기러 온 관객처럼 환호도 하고 야유도 보내면서 그렇게 공연을 함께 본 뒤, 본격적으로 공연에 대한 이야기를 나눕니다. 연주는 어땠고 노래는 어땠으며 무대 배치는 괜찮았는지 등등. 이번 공연을 평가하다보면 자연스럽게 다음번 공연에 대한 이야기도 나옵니다. 다음엔 악기를 이렇게 저렇게 배치해보자, 좀더 큰 공연장을 빌리는 건 어때? 보컬의 멘트를 좀더 보강해야겠어 등등. 이런저런 희망적인 이야기들이 나오게 되는 거죠.

공연도 사람의 상태에 따라, 악기 상태에 따라 좋을 때도 있고 나쁠 때도 있잖아요. 그러니 비판보다는 칭찬으로 서로를 북돋워주고, 누구 한 사람에게 일방적으로 책임을 떠넘기지 않는 것도 중요합니다. 혹시라도 공연 때문에 마음 다친 동료가 있다면 다독여주는 것도 잊지 말아야겠죠. 이런 과정까지 다 거치고 난 뒤라야 비로소 공연이 마무리됐다고 할 수 있을 겁니다.

 직장인밴드 인터뷰 no. 7

"스승과 무대 사이, 그 아찔함"
교사밴드
패러다임

전국의 고등학교를 돌며 100명의 학생들을 앉혀놓고 퀴즈를 푸는 방송 프로그램이 있지요? (저희 어머니가 굉장한 팬이십니다.) 가끔 그 프로그램을 보는데 상당히 재미있더군요. 문제 수준도 높거니와 과연 마지막 50번째 답을 맞히는 학생이 나올 것인가 늘 조마조마하죠. 그런데 그 프로그램에서 정작 눈길을 끄는 것은 얼굴에 '나 모범생'이라 써 붙이고 다니는 녀석도, 당장 개그 프로에 디밀어도 될 만큼 웃기는 녀석도 아닌, 그 학교의 선생님들입니다.
　　학교 다닐 때 나에게도 그런 선생님이 있었나 싶을 만큼, TV 프로그램 속 선생님들은 참 좋아 보입니다. 학생들과 격의 없이 친할뿐더러 쓸데없이 권위를 내세워 사람 속을 뒤집지도 않죠. 언뜻 올곧은 신념이 엿보이기도 하고요. 나라가 이 모양이라 미래에 희망이 없다고 개탄하다가도, 건강하고 바른 선생님들과 그 선생님들이 어여삐 여기는 10대들을 보면 기분이 좋아지곤 한답니다. 바로 여기! 그런 건강한 선생님들이 모여 만든 직장인밴드가 있습니다. 이름 하여 패러다임.

급조밴드 10년을 가다

"패러다임은 교육학에 자주 등장하는 말로 '어떤 한 시대 사람들의 견해나 사고를 근본적으로 규정하고 있는 테두리'라는 뜻인데, 나는 오히려 교사가 가진 사회적 인식의 한계를 벗어나보자는 역설적인 의미에서 이 단어를 밴드 이름으로 정했습니다"라고 패러다임의 리더를 맡고 있는 김기현 영어선생님이 말씀하시는군요. 밑줄 '쫙' 그으세요.
　　서울 환일고등학교 교사들이 주축이 된 밴드 패러다임은 1999년에 처음 만들어져 올해로 결성 10년을 맞았습니다. 와우, 놀랍죠? 시기가 무척 빠르기도 하거니와 학교 선생님과 직장인밴드의 조합은 아무래도 조금 낯설게 느껴지는데, 대체 10년 전에 무슨 일이 있었던 걸까요? 아무래도 이 부분은 처음 멤버를 모으고 밴드를 만들어 지금에 이르는 10년의 역사를 고스란히 기억하고 있는 김기현 선생님의 생생한 목소리로 직접 들어야 할 것 같네요. 무척 재밌거든요.

"정교사 발령을 받은 첫해인 1999년 황당하게도 축제라는 것 자체가 존재하지 않던 우리 학교에 새로 부임한 교장선생님이 특별활동 발표회 형식의 축제를 실시(?)할 것을 지시하셨습니다. 학생들이야 이럭저럭 사진반이다 보이스카웃이다 뭐다 해서 무대에 서고 전시실을 채울 계획이 잡혀가던 무렵, 특활부장 선생님이 느닷없이 권유하시더군요. '김선생, 기타 좀 쳤다면서? 어떻게 선생님들로 밴드 한 팀 만들어서 환일제 때 서면 안 될까?'

나는 주판알을 이리저리 튕겨보았습니다. '기타는 내가 잡으면 되고 신시사이저야 음악선생님 계시니까 문제없고 보컬은 새로 오신 국어선생님이 평소에 흥얼거리고 다니는 노래 실력이 예사롭지 않아 눈여겨 봤던 터이고……. 이즈음에 저와 같이 발령받은 대학동문 후배 국어선생님이 생각났습니다. 그 친구의 통기타 실력은 꽤 괜찮았습니다. 그 선생님에게 베이스를 맡겼고, 이리저리 수소문한 결과 기술선생님이 6개월 동안 드럼 레슨을 받은 사실을 밝혀(?)내고 강력히 도움을 요청한 결과, 그런대로 모습을 갖춘 밴드 하나가 만들어졌습니다. 그렇게 결성되어 학교 축제 무대에 한 번 오르고 사라질 것을 믿어 의심치(?) 않았던 환일고 교사밴드 패러다임은 어이없게도 10년이 지난 지금도 명맥을 유

지하고 있습니다. 물론 숱한 진화의 과정을 거쳐서 현재는 엄청나게 달라진 모습이긴 하지만요."

공연 당일 무대에 선 초보 교사밴드의 실상 또한 재미있습니다. 이 부분은 베이스 연주자 송원진 선생님이 생생히 증언하고 계시네요.

"1999년은 학교에 방송반도 없었고 당연히 점심 음악방송도 없던 시절이었습니다. 기현이 형과 내가 방송반을 함께 맡아 점심 방송을 시도하게 되었는데, 그때는 점심시간에도 자습을 시키는 분위기여서 음악이 시끄럽다고 꺼달라는 담임선생님들이 많았습니다. 그런데 그 '시끄러운 음악'이란 것이 클래식 아니면 연주곡이었거든요. 간간이 조용한 가요나 좀 틀까. 클래식마저도 맘껏 틀지 못했던 시절이니 축제는 상상도 할 수 없었죠.

그런 분위기에서 드디어 축제가 생겼고, 교사밴드도 탄생했습니다. 당연히 선곡에 고민이 많았죠. 첫 곡은 경건한 연주곡으로 골랐습니다. 두번째 곡은 기독교 학교답게 CCM을 골랐고요. 여기까지는 참 점잖았죠. 그런데 너무 싱겁더라고요. 그래서 가요를 한번 넣어보았죠. 우리로선 상당한 모험을 한 셈입니다. 당시 최고 인기이던 조성모의 〈To Heaven〉을 록 버전으로 연주하고 내가 노래를 불렀습니다. 학생들이 완전히 열광 발광했죠."

이들에게 한계란 없다

점심시간에 클래식조차 듣기 힘든 환경에서 살던 학생들에게 록 버전의 가요를 들려주어 열광 발광시킨 죄로, 패러다임밴드는 여전히 무대에

서고 있답니다. 사라지기는커녕 4기 멤버를 거쳐 오면서 질긴 생명력을 이어오고 있으니, 느닷없이 축제를 지시한 교장선생님과 교사밴드를 제안한 특활부장선생님의 혜안과 선견지명이 놀랍네요(그분들은 계속 학교에 남아 계신지). 평균 나이 35.8세의 건장한 선생님들로 이뤄진 패러다임 4기는 기타 1, 베이스 1, 드럼 1, 신디 1에 보컬 3을 갖춘 관록 있는 팀입니다.

최근에만도 2008년 10월 강남구 논현동 라이브클럽 그루브 공연, 2008년 12월 홍익대 앞 클럽 스컹크헬 공연, 2009년 1월 라이브클럽 그루브 공연, 2009년 1월 홍익대 앞 클럽 라이브앤라우드 공연, 2009년 4월 서울 상지초등학교 학부모의 밤 행사 초청 공연, 2009년 5월 서울 환일고등학교 세계도덕재무장한국본부 입단식 초청공연, 2009년 7월 클럽 대관 공연을 했으니 선생님들 참 대단하지 않습니까? 뿐인가요? 2009년 12월 말 5, 6팀 연합 대규모 공연까지 준비 중이라는군요.

패러다임은 장점은 한마디로 '교감'이라 할 수 있습니다. 한 학교에서 매일같이 얼굴 마주보는 동료들이다보니 안 친하려야 안 친할 수가 없겠죠. 합주만 하고 나면 서먹해지는 계약적인 관계가 아니라 멤버 모두가 인간적으로 교감하고 밴드 외에도 인간적인 고민이나 즐거움, 슬픔을 나누고 위로하는, 일종의 공동체라는 성격이 강합니다. 또 선생님들 아니랄까봐 누가 시키지 않아도 저마다 성실하게 연습하고 약속을 잘 지킨다는군요. 인간적인 신뢰에 음악의 즐거움까지 더해 패러다임은 변함없이 탄탄한 팀워크를 유지합니다. 밴드가 있어 일이 더욱 즐겁습니다. 이 모든 것이 직장인밴드가 가져다준 선물이지요.

"생계 때문에 뒷전으로 밀려나고 만 학창시절, 젊은 시절의 꿈을 가

까운 곳에 두고 살 수 있다는 일은 크나큰 즐거움입니다. 직장생활의 활력소가 되어줄 뿐 아니라 삶의 신선한 의미가 될 수 있죠. 일에 치이고 관계에 치여 이리저리 끌려다니는 처량한 모습으로 살고 싶으세요? 그 상태로 그냥 죽어도 여한 없으신가요? 나도 모르고 있던 전혀 다른 나의 모습을 찾고 싶지 않으세요? 그럼 확 질러버리세요. 직장인밴드, 어렵지 않습니다."

패러다임밴드에게 음악이란? 이런 질문을 드렸더니, 우문에 현답이라고 이런 대답들이 돌아왔어요. "직장생활이 주식主食이라면 밴드생활은 별미입니다. 직장생활이 가족이라면 밴드생활은 오랜 친구입니다. 직장생활이 현재와 미래라면 밴드생활은 행복한 옛 기억입니다. 직장생활이 맞선이라면 밴드생활은 헌팅입니다. 직장생활이 평일이라면 밴드생활은 크리스마스, 휴가시즌입니다. 직장생활이 안전한 수족관이라면 밴드생활은 무한한 바다입니다. 직장생활이 현세現世라면 밴드생활은 내세來世입니다."

직장인밴드 경연대회

1. SBS 파워 FM 직장인밴드 콘테스트
2. 컴퍼니 樂Rock 콘테스트
3. 매경 직장인밴드 콘테스트
4. 한경 직장인밴드 경연대회
5. 머니투데이 직장인밴드 페스티벌
6. 직장인밴드축제 봄날

서울 라이브클럽

긱라이브하우스 http://www.geeklivehouse.co.kr

드럭 http://cafe.daum.net/dgbd

라이브클럽 쌤 http://www.ssamnet.com

라이브클럽 빵 http://cafe.daum.net/cafebbang

라이브홀 주 http://cafe.daum.net/livehallzoo

롤링홀 http://www.rollinghall.co.kr

사운드홀릭 http://www.soundholic.co.kr

상상마당 라이브홀 http://www.sangsangmadang.com

스팟 http://cafe.daum.net/clubspot

워터콕 http://www.watercock.co.kr

재머스 http://www.jammers.co.kr

클럽 에반스 http://www.clubevans.com

클럽 FF http://2005clubff.cyworld.com

클럽 팜 http://www.clubpalm.co.kr

클럽 프리버드 http://www.clubfreebird.com

클럽 타(打) http://cafe.daum.net/liveclubta

클럽 홀 http://hiphopclubhole.cyworld.com

지역별 직장인밴드 사이트

서울

교사밴드 Nadia http://cafe.daum.net/bandnadia

교사밴드 패러다임 http://cafe.naver.com/paradigmok

디블루스 http://cafe.daum.net/d-blues

뮤직인앨리 http://cafe.naver.com/alleyjjang

물똥뚱이밴드 http://cafe.naver.com/hipponfriends

소리모아 http://cafe.daum.net/bandsorimoa

섬광밴드 http://cafe.naver.com/sparkband

써니러버스 http://cafe.naver.com/4050band

소울세션 http://cafe.daum.net/jamanband

열정밴드☆P4U http://cafe.daum.net/58band

용산취미밴드 http://cafe.daum.net/avmusic

GoGoSing http://cafe.naver.com/gogosingforever

잭밴드 http://cafe.naver.com/jackband

조이션밴드 http://cafe.naver.com/joycian

공간 http://cafe.daum.net/jbspace

LOUD http://cafe.naver.com/loudband

직장인밴드닷컴 http://cafe.daum.net/sognandopart1

늦바람 http://cafe.daum.net/bandvillage

LIBEROCK http://cafe.naver.com/liberock

서울메트로밴드 http://cafe.daum.net/yj4989

M.CORE http://cafe.naver.com/valentine7

Very Good Honey http://cafe.naver.com/verygoodhoney

밴드스토리 http://cafe.daum.net/bandstory

스타피쉬 http://cafe.naver.com/01030339928

알토이즈 http://cafe.daum.net/altoidsband

직장인밴드연합 음악스케치 http://cafe.naver.com/ping3959

직장인밴드연합 락하모니 http://cafe.naver.com/nolnol

일락 http://cafe.daum.net/7band

제미로 http://cafe.naver.com/xemiro

주식회사 http://cafe.naver.com/jikband

즐겨락 http://cafe.naver.com/enjoyrock

퓨즈 http://cafe.naver.com/fuze

프리월 http://cafe.naver.com/fwband

피버크루 http://cafe.naver.com/fevercrew

하자 http://cafe.daum.net/yulimmusic

하회 http://cafe.naver.com/hh5

후다닥밴드 http://cafe.daum.net/hoodadakband

직장인재즈밴드 http://cafe.naver.com/jazzmania

7080취미밴드 http://cafe.daum.net/apt89105

프로젝트밴드 우리엘 http://cafe.naver.com/rockuriel

펄샤인 http://cafe.naver.com/okman

굿세인트 http://cafe.naver.com/goodsaint

S-Hardron http://cafe.naver.com/band7

Slam In a Nimals http://cafe.naver.com/gdband

강원도

삼척 The One Guitar http://cafe.daum.net/theoneguitar

영동 직장인밴드연합 http://cafe.naver.com/ydband

태백 재미삼아 http://cafe.naver.com/funband

춘천 스머프 http://cafe.daum.net/smurfband

춘천 직장인밴드연합 풍경 http://cafe.daum.net/bandpk

경기도(인천)

남양주시 연합밴드 두드림밴드 http://cafe.naver.com/ndodream

인천 올웨이즈 http://cafe.naver.com/alwaysband

인천 직장인밴드연합 http://cafe.naver.com/code7

인천 록파티 http://cafe.naver.com/rockparty

인천·부천 집시트레인 http://cafe.daum.net/4050band

연합밴드 다락방 http://cafe.daum.net/anyangblues

분당 이리스 http://cafe.naver.com/musicm

수원 비어트리스 http://cafe.naver.com/0band

수원 센트럴밴드 http://cafe.daum.net/central-studio

수원 EQ MUSIC http://cafe.daum.net/jikbban

수원 MuC http://cafe.daum.net/suwonbandgo

수원 시실락 http://cafe.daum.net/ccachinol

수원 직장인밴드연합회 http://cafe.daum.net/swbands

수원 투게더밴드 http://cafe.daum.net/together0711

수지 분당 수밴 http://cafe.naver.com/suband

부천 씨밀레밴드 http://cafe.daum.net/similleband

안산 주부락밴드 모아맘 http://cafe.daum.net/yeslordcenter

안산 청산밴드 http://cafe.daum.net/cjdtksqosem

안양 OB사운드 http://cafe.daum.net/70890band

오산밴드 http://cafe.daum.net/osanbband

일산밴드 http://cafe.daum.net/ilsanband

직장인밴드 NRB http://cafe.naver.com/nrb

안산, 시화 지역 피플밴드 http://cafe.naver.com/peopleband

경상남도(부산, 울산)

창원 안전지대 http://cafe.naver.com/sftzone

김해 GOLD SEA http://cafe.daum.net/gimhaeband

마산시청 http://cafe.naver.com/masanband

부산 MUSIC FACTORY http://cafe.daum.net/busanband

부산 노스-폴 http://cafe.naver.com/bandnp

부산 직장인밴드연합 Note Chamber http://cafe.daum.net/egooband

부산 OASIS http://cafe.daum.net/oasis2010

울산 리볼버 http://cafe.naver.com/revolver2009

울산 스파크 http://cafe.naver.com/ulsanspark

사천 자유새 http://cafe.daum.net/freebirds25

진해 http://cafe.daum.net/jinhaeband

진해 비즈락 http://cafe.naver.com/bizrock

경상북도(대구)

경주 에밀레 http://cafe.naver.com/amille

구미 MUTE http://cafe.naver.com/gumiband

대구 직장인밴드연합 http://cafe.daum.net/jicjang

대구 애플밴드 http://cafe.daum.net/tg7080

대구 굿타임밴드 http://cafe.naver.com/gtband

대구 A-Cool http://cafe.naver.com/acoolband

문경 블루마운틴 http://cafe.daum.net/blumt

악사모(음악을 사랑하는 사람들의 모임) http://cafe.daum.net/79795424

칼퇴근밴드 http://cafe.daum.net/caloff

포항 다락밴드 http://cafe.naver.com/darock

포항 음악동네 http://cafe.daum.net/pomdong

포항 원하트 http://cafe.naver.com/ohband

하늘바람밴드 http://cafe.daum.net/hanulbaramband

전라남도(광주)

광주 직장인밴드연합 http://cafe.daum.net/gjbandclub

광주 87밴드 http://cafe.daum.net/87band

광주 WageClaim/WildCarrot/OT BAND http://cafe.daum.net/kjband

광주 디자인愛 http://cafe.naver.com/designae

목포 프리타임 http://cafe.naver.com/mpprtm

목포 직장인밴느 http://cafe.daum.net/mpband

전라북도

군산 에너지 http://cafe.daum.net/energyband

익산 뮤직앤피플 http://cafe.daum.net/iksanmp

전주 노리터 http://cafe.daum.net/jeonjuband

전주 월남뽕 http://cafe.daum.net/cheonjuband

제주도

그룹사운드 공상 http://cafe.naver.com/jejufancy

부지깽이밴드 http://cafe.daum.net/jejugroupsound

충청남도(대전)

공주 동그라미 http://cafe.daum.net/kongjuband

대전 그룹사운드 프렌즈 http://cafe.daum.net/groupsoundfriends

대전 M-Road http://cafe.naver.com/neoverland

대전 386밴드 http://cafe.daum.net/386Band

천안 음악사랑 동호회 http://cafe.daum.net/kttown1

충청북도

청주 대일밴드 http://cafe.daum.net/cj-band

청주 직장인밴드 http://cafe.daum.net/mycore

청주 오르페우스 http://cafe.naver.com/cjmusicfield

서른 살, 그 아름다운 흔들림의 순간들

내 나이 스무 살에 서른 살은 너무 먼 나이였습니다. 너무도 멀어 그저 까마득한 나이였지요. 스물다섯 살 때는 어땠을까요? 여전하더군요. 서른을 향해 나아가던 스물여섯, 스물일곱, 스물여덟, 심지어 스물아홉 살 때도, 서른은 까마득히 먼 나이였습니다. 하지만 보이지 않는다고 서른 살을 상상할 수 없었던 것은 아닙니다. 스무 살에 막연히 짐작해본 서른 살은 '어른'의 나이였습니다. '30'이란 나이가 주는 느낌은 20대의 막연한 불안함과 불안정함과 정반대의 것이었습니다. 서른 살. 뭔가 '있어 보이는' 나이. 성취, 성과, 성공이란 말들과 짝을 이루는 나이. '서른 살 때는 인생의 이루고픈 목표들을 웬만큼 다 이루었겠지'라고 생각했죠. 일이든 사랑이든 돈이든.

그러나 그 나이에 이른, 그 나이를 이미 지난 이들은 알고 있을 겁니다. 서른 살은, 완성의 나이가 아니라 시작의 나이이고, 자리 잡는 나이가 아니라 불안하게 흔들리고 떠도는 나이라는 것을요. 일, 사랑, 돈, 우정, 신념, 철학…… 살면서 필요한 많은 것들을 하나도 야무지게 챙기지 못한 채, 좌충우돌 날마다 고민하고 하루에도 열두 번씩 갈팡질팡하는 삶이라는 것을요. 불행인지 다행인지 모르겠으나, 주위에 서른 살 넘은 인간치고 '나는 이제 떠돌지도 떠나지도 않을 것이네. 내 인생은 여기서 오롯이 완성되었네'라고 말하는 이를 본 적이 없습니다.

불안과 불만의 서른 살, 삶과 영혼이 아슬아슬하게 흔들리는 30대의 나날을 붙잡아줄 그 무엇을 찾아 그들은 오늘도 여기저기 기웃대고 있습니다. 누구는 정신없이 술을 마시고 누구는 차라리 일중독에 빠지는 것이 속 편하다 합니다. 대책 없는 연애에 목을 매기도 하고 영혼을 위안해줄 손길을 찾아 이리저리 헤매기도 합니다. 어느 날 직장을 때려치우고 세계여행을 떠나기도 합니다. 서른 살에 그들은 끊임없이 찾아 헤맵니다. 불안함을 다독여주고 목마름을 채워줄 그 무엇인가를요.

운 좋게도 직장인밴드를 만났습니다. 그곳에서 나는, 혼자서 배우려면 무척 오래 걸렸을 많은 것들을 한꺼번에 배웠습니다. 좋은 사람들과 관계 맺는 법, 과정을 즐기고 결과에 책임지는 법, 음악을 내 식대로 즐기는 법을 배웠으며, 에너지를 쏟아부은 뒤 열정에 마음껏 취하는 순간의 기쁨, 건강한 자아도취가 불러오는 희열의 맛도 알게 됐습니다. 직장인밴드에서만 경험할 수 있는 것은 아니었지만, 직장인밴드였기에 더욱더 크고 강렬하게 교감할 수 있었을 거라 나는 생각합니다.

힘들고 고된 서른 살의 나날을 온몸으로 지탱하고 있는 당신, 서른 살을 향해 위태로운 걸음을 걷고 있는 당신, 악기를 하나 배워보길 권합니다. 피아노든 기타든 드럼이든, 무엇이든 다 좋습니다. 당신의 손끝에서 수줍게 피어나던 음악이 당신 마음 구석구석 채우고 넘쳐흐르는 순간이 바로 그때입니다. 직장인밴드로 달려가세요. 당신의 음악을 그곳에 풀어놓으세요. 일과 삶에 치여 괴로울 때, 언제든 돌아가 마음 부려놓을 수 있는 혼자만의 오아시스가 되어줄 테니까요. 당신의 음악이, 당신의 직장인밴드가 당신에게 줄 수 있는 것은 딱 한 가지입니다. 일과 삶이 더욱 즐거워지는 경험, 바로 그것. 장담할게요.

서른 살에
처음 시작하는
직장인밴드

© 전미영 2009

초판인쇄   2009년 10월 1일
초판발행   2009년 10월 7일

글   전미영
그림   김동범
사진   한승일
도움주신 분들   뮤직스쿨 타, 프리버드, 김면중, 최민석, 최진형 님
펴낸이   김정순
책임편집   박상경
디자인   김진영
마케팅   정상희 한승일 임정진
펴낸곳   (주)북하우스 퍼블리셔스
출판등록   1997년 9월 23일 제406-2003-055호

주소   121-840 서울시 마포구 서교동 395-4 선진빌딩 6층
전자우편   editor@bookhouse.co.kr
홈페이지   www.bookhouse.co.kr
전화번호   02-3144-3123
팩스   02-3144-3121

ISBN 978-89-5605-389-9 10680

이 도서의 국립중앙도서관 출판도서목록(CIP)은 e-CIP 홈페이지(http://www.nl.go.kr/cip.php)에서
이용하실 수 있습니다. (CIP제어번호 : CIP2009002843)